疯狂阅读 —— 年度特辑 1

青春志

主编 杜志建

飞扬的少年最动人心，
奔跑的时候像是穿过了光阴。
有人用青春形容你，
而我用你形容整个青春。

漓江出版社
·桂林·

图书在版编目（CIP）数据

疯狂阅读. 年度特辑 1 青春志 / 杜志建主编.
桂林：漓江出版社，2025. 1. -- ISBN 978-7-5801
-0170-9
Ⅰ．G634.333
中国国家版本馆 CIP 数据核字第 2024D5197F 号

疯狂阅读·年度特辑 1 　青春志
FENGKUANG YUEDU · NIANDU TEJI 1　QINGCHUNZHI

主编　杜志建

出 版 人　梁　志
出版统筹　文龙玉
责任编辑　宗珊珊
书籍设计　马俊洁
封面绘图　孙无力
责任监印　黄菲菲

出版发行　漓江出版社有限公司
社　　址　广西桂林市南环路 22 号
邮　　编　541002
发行电话　010-85891290　0773-2582200
邮购热线　0773-2582200
网　　址　www.lijiangbooks.com
微信公众号　lijiangpress

印　　制　河南瑞之光印刷股份有限公司
开　　本　787 mm × 1092 mm　1/16
印　　张　10
字　　数　280 千字
版　　次　2025 年 1 月第 1 版
印　　次　2025 年 1 月第 1 次印刷
书　　号　ISBN 978-7-5801-0170-9
定　　价　25.80 元

漓江版图书：版权所有，侵权必究
漓江版图书：如有印装问题，请与当地图书销售部门联系调换

声明

　　基于对知识和创作的尊重，本书向所选文章、图片的作者给予补贴。因条件所限未能及时联系的作者，我们在此深表歉意，当您看到本书时，请与我们联系，以便我们向您支付补贴和赠送样书。因篇幅有限，部分文章有删节，敬请谅解。

　　联系方式：0371-68698015

目录

茉莉味的晚风

2	晴天遇彩虹	/萧小船
12	藏在心底的夏天，不再是秘密	/林乐时
18	十六岁的诗	/婆娑果
28	雪落在你的眼睛上，你落在我的心底	/昨稼

以你为名的夏天

38	星星不闪包退换	/檐萧
47	昼梦回响	/柒时微
56	明月复照还	/夏南年
62	寒星归来晚	/谢衿

凛冬吻暮雪

72	霓光记	/孟一柯
81	柠檬茶和牛肉堡天生绝配	/林以昼
85	如果风不再吹	/那夏
96	蛱蝶穿风渡雪	/居何

玫瑰半截诗

100	你比宇宙更漫长	/李一枕
111	地下餐厅	/顾一灯
115	乐 园	/血血理
128	夏天与尘埃	/午歌

如果星星有秘密

134	召唤天鹅的女孩	/方栀柒
139	一 鱼	/阿列
148	时光若刻	/陈谌

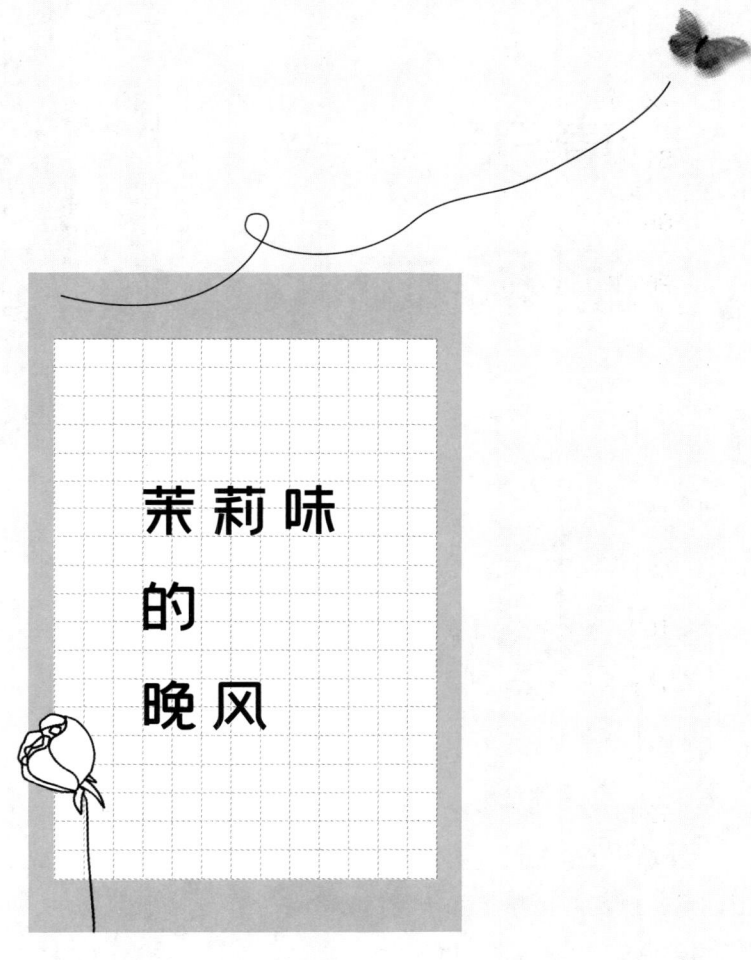

茉莉味的晚风

操场上的**晚风**和他的**眼神**

成了我的整个**夏天**。

晴天遇彩虹

摄影师：菁LULU

白日里不会有从亿万光年外来的流星，晴天也不会见彩虹。

萧小船

冰可乐

嘉城一中高三六班教室后墙的黑板上，最左侧用红色粉笔加粗写着四个字"三六热点"，下面一栏用以记录班内热点事件。

今日"班长争夺战"力压"百日誓师大会"登顶热点榜，事件起因是下学期开学，因自由复习时间偏多，班主任提出让大家自己找同桌，一周后换座位。不过同桌对象有一个硬性条件，就是要能帮助提高自己的成绩。

消息一公布，班内成绩前三名的同学迅速成为大家争抢的对象。但仅仅过了一天，大家就放弃了要和这三人做同桌的幻想。因为第二名的李斯年和第三名的云晴，都放出想要与第一名的班长孟燃做同桌的话。

李斯年和云晴两家生意有竞争，两人也完美地将家里的关系带入学校中，竞争不断，有你没我。

孟燃被这两人盯上，那就肯定没别人什么事了。而这两人不争到最后一刻不会善罢甘休，也根本不会考虑别人。

一周时间转瞬到了最后一天，班长争夺战也进行到白热化阶段。

云晴动之以情晓之以理，承诺每天帮孟燃补他相对短板的英语一项，终于让孟燃点头。怕事情有变，一上午云晴上课时间学习，下课就盯着李斯年的一举一动。

出乎她意料的是，李斯年一上午居然老老实实的，铃一响就趴在桌子上睡觉，像是根本就没打算再跟孟燃争取一下。

云晴紧绷的弦松了下来，午休吃完饭后开开心心地买了一罐冰可乐，庆祝这来之不易的胜利。

可乐还没来得及打开，云晴在回教室的路上就看见李斯年单手搂着孟燃的肩膀，带着他往学校的体育馆拐。

云晴眼尖地看到孟燃脸色涨红，表情非常勉强，像是被强行拽着过来的，心里"咯噔"一跳。

李斯年不会疯到要用武力逼迫孟燃低头吧？她紧跟在二人身后快步跑了进去。

这个点体育馆人不少，不过李斯年个子高，云晴一眼就找到了他。最里侧的羽毛球场地上，李斯年和孟燃对立站着，她看不清李斯年的表情，只能看到他低头和孟燃说着说着话，突然笑了一下，随后就伸出了手。

云晴脑子一热，迅速蹿了过去，在那只手落下前一把攥住他的手腕，顺势一扭……

她来得太突然，突然到平时应该最起码能和她打个平手的李斯年根本没时间出手抵挡。她的动作也太快，快到孟燃还没反应过来发生了什么，嘴一张一合还在说话。

所以云晴清晰地听到了那一句——"谢谢你啊李斯年"。

虽然不知道他俩在说什么，但这可不像是什么武力逼迫现场。云晴一愣，可手已经来不及收了，下一秒，李斯年高大的身体被她扭着胳膊按在了地上。

刚才还喧闹的场馆霎时陷入一阵诡异的沉默。

聚集在身上的目光过于灼热，云晴回过神松开还按着李斯年的手，赶紧将他扶起来："对不起啊，我刚以为你要堕落了……"

李斯年阴恻恻一笑："所以我还得谢谢你来拯救我是吗？"

等云晴再进教室时，"云晴和李斯年'摔跤'"已经迅速排在了热点栏的第二名。

云晴心里有愧，在纸上画了一个简笔的下跪小人，装作不经意路过，将纸和那罐见过风浪的可乐放到了李斯年的桌子上。

自习上到一半，那张简笔画被折成一架纸飞机，摇摇晃晃地从后面飞了回来，精准降落。

云晴将纸展开，上面一行字规整，可每个字收尾的笔锋都透着一股散漫，矛盾又漂亮，就像李斯年本人一样。

——可乐不够赔罪，你又欠我一回。

死对头

在第一次见到李斯年之前，"李斯年"这个名字就已经在云晴的耳边响过成百上千遍了。

因为云晴的父亲和李斯年的父亲有点过节，老云在打听到他们同年级后，就时不时激励自家女儿要全力超过李斯年。

知道李斯年学跆拳道，老云迅速给云晴报班。听说李斯年去国外进修一个假期，云晴在那个暑假就被打包上了飞机……那两年里云晴虽没见过李斯年，但生活里好像处处都有李斯年。

当一个人天天听到另一个人的名字，那对他产生好奇也是理所应当，云晴偶尔会在脑海里想象李斯年这个人。

高三开学，班主任惯常总结过去展望以后，之后拍了拍手介绍转来的新同学。

众人好奇的目光迅速聚集到门口，在夏天最后的烈日里，浓烈的光在门口融成一团，新同学走进来，就像是从光中降临。

他站上讲台，手拿着粉笔，一笔一画写下自己的名字。白色的粉笔灰簌簌而落，黑板上出现三个字。

"……李斯年？"当想象的人突然出现，云晴没控制住叫出了声。少年循声转头，眼神落在云晴身上。

他有着一张五官深邃英气的脸，挑了挑眉："云晴同学叫我是有什么事吗？"

云晴干笑着："没事，就是觉得'李斯年'实在是个好名字，没忍住念了一遍。"

"是吗？"李斯年也笑了一下，"哪里好，云晴同学可以展开说说吗？"

云晴："……"

李斯年从讲台上走下来，也不知道是不是云晴心里作祟，她总觉得李斯年路过她时停了一瞬。他身上泛着淡淡的好闻的薄荷味，干净又清爽。

云晴后知后觉发现一个问题，她还没有介绍自己，李斯年就直接叫了她"云晴同学"，在了解对方这一点上，自己显然输了一截。

一中的学生分为住校和走读两种，升入高三后为了晚上能多点时间复习，大多数同学都在学校附近租房子住。晚自习下课之后，教室里很快就会空下来。但这天，教室的灯一直亮至很晚。

云晴转头看向窗户，玻璃隐约映出李斯年的座位上堆了厚厚一摞书，他左手撑着下巴，正全神贯注地看书。

这也太拼了吧？晚自习下课见李斯年没走，她就也留下跟着一起卷。

云晴怕黑，再过一会儿锁门大爷要来关灯了。

云晴挣扎了一会儿还是收拾了书包，趁着这会儿教学楼里的灯还没熄，踩着一地昏黄的光快步走了出去。

锁门的大爷走进教学楼。云晴就站在那儿，看着三年六班的灯也熄灭了，可李斯年还是没有出来。

云晴最后还是忍着心慌咬着牙冲了回去，追上锁门大爷借了钥匙重新开教室门。

门一打开她拿着手电筒往里一照，不料李斯年人刚巧走过来，这一下两个人都吓了一跳。

云晴拍着胸口平复乱跳的心："你怎么锁门还不走啊？"

李斯年望了望天："我睡着了。"

她往后扫了一眼，那摞厚厚的书一挡根本看不到什么，难怪大爷没发现他。

他不会是从下课就一直睡了吧？那她岂不是独自卷了个寂寞？

弯月藏进了一片云层里，从教学楼到大路没有路灯，路只能靠着手电筒微弱的光照亮。李斯年发现走着走着云晴就走斜线，往自己这边靠。

他低头，不难发觉她紧绷的一张脸，一个念头一闪："你怕黑吗？"

她倔强地顶回去："我才不怕。"

怕黑还一路跑回来找他，他的"对头"原来是位口是心非见不得人落难的仙女。

李斯年将手里的书包递了出去，自己抓着一根带子，示意云晴抓另一边。

云晴抓着书包带，知道书包带的另一侧就是李斯年，恐惧被神奇地驱散，第一次在漆黑环境里这么内心平和。

一路走到大门口，月亮钻了出来，路灯就在不远方。

"你帮了我，我也帮你，这一次就算扯平了。"少年白衣黑裤，眼灼灼发亮，"下一次再一较高下吧，云晴同学。"

新同桌

校园夜，李斯年最后那句话正式吹响了二人你争我夺战斗的号角。

之后的几次月考里孟燃始终排名第一，第二名李斯年两次、云晴一次，本学期最后一次月考云晴势必要压过李斯年才行。不过在月考之前，云晴等到了另外的机会。

冬日刚刚来临时，学校组织举行长跑活动。学校要求每个班出四男四女，共八位同学绕着学校接力跑。眼见着李斯年报名参加，云晴也毫不犹豫地举了手。

接力顺序抽签决定，在云晴前面的恰好就是李斯年。

活动的前一天嘉城下了一场雪，雪花落下又很快融化。地上没有留下多少痕迹，可温度却因此骤降。

跑步的那一日，北风吹得人眼睛都睁不开，云晴将脸缩在厚厚的围巾里在高三教学楼旁边花坛等着，这里是她和李斯年接棒的地方。

她掐着秒表记录着李斯年的时间，待他的身影从拐角出现时她按下秒表，活动发僵的腿迎上去。

云晴伸手去接交接棒，李斯年却并没有第一时间松开手。

云晴一脸问号地转过头看他。

"尽力而为，不要勉强。"

云晴想，敌人这是在迷惑自己，她可不能上当。

云晴扬了扬下巴，漂亮的鹿眼里满满是志在必得："这次你一定是我的手下败将。"

李斯年松了手，被冻得泛红的眼尾挑了挑："那我就拭目以待了。"

李斯年确实是"拭目以待"，他跑完之后全程都在"盯"着云晴。

云晴身体素质很好，平时跑八百米每次都是第一。可这次环境过于恶劣，拐过一个弯儿，前面的风呼啸刮来，浑身又疼又冷，身体的能量流失很快。

她回头看了一眼，李斯年就在她不远处，不紧不慢地跟着她。

云晴一口气跑到尽头，交接棒递给下一个同学的瞬间她腿一软立马往下瘫。

许是天气太冷，云晴只觉得脑子都被冻得发僵，等反应过来时，她人已经在李斯年背上了。

虽然高处不胜寒，但她莫名觉得比刚才暖了一些，连心都解冻，跳快了几下。

"谢谢你！"道谢的话没有想象中那么难开口，云晴顿了顿继续，"我给你买份谢礼吧，你最近有什么想要的吗？"

"我没想好,先欠着吧,等我想到了再找你要。"

《倚天屠龙记》里赵敏要张无忌答应三个条件,也是等想到再让他兑现,但她之后提的每件事都无比艰难。

那之后,云晴就一直提心吊胆地等着李斯年提要求,等到学期结束,新的一年到来还是没等到。

不仅没等到,还因为今天在体育馆里误会李斯年对他残忍下手而又欠了他一回。

欠人的迟早要还,早还早安心。

云晴想了一节课,下课之后去找了孟燃,要放弃到手的和孟燃做同桌的机会。

"耽误打扰你这么久,最后我却反悔了,实在是不好意思……"

"没关系。"孟燃第一次说话这么快,快到云晴愣神之际他人已离开。

不过,想想他在体育馆里那么真挚地感谢李斯年,李斯年应该许了他不能拒绝的条件,他激动也正常。

云晴等着尘埃落定之后和李斯年谈谈,她欠了李斯年两次,用一个孟燃和之后的成绩提升做偿还,应该足够一笔勾销了。

结果没多久班主任就把她叫去了办公室,同样在办公室的,还有李斯年。

"班内的同桌都找好了,现在只有你们是落单的,我来问问你们什么意见?"

云晴有些怀疑自己耳朵出了问题:"都找好了,孟燃也找好了?"

班主任点点头:"是,跟岑雪,岑雪作文很好,英语也不错,就是理科不行,和孟燃刚好互补。我知道你们两个关系不好,所以如果你们不同意,我会再想办法。"

在云晴的眼里孟燃本来有两个选项,"云晴"或者"李斯年",结果他选了"或者"。

云晴看向李斯年,心跳快得厉害:"你什么意见?"

被孟燃放鸽子很尴尬,和自己凑在一起做同桌也很糟心,云晴的仙女病犯了,有点儿怜爱李斯年了,决定把选择权留给他。

李斯年惯来会装,笑得斯文又漂亮:"我当然是想和云晴同学做同桌了。"

放学前座位表出来,被贴在"三六热点"那一栏上。靠窗的第三排,云晴和李斯年的名字并排而列。

垃圾桶

第二天座位表摘下来,"云晴和李斯年同桌"也得以顺利登顶热点榜。

宿敌凑一起做同桌是种什么样的体验,没有人会不好奇。李斯年不怎么爱理人,可云晴人缘极好没有人不喜欢,一上午云晴就被班里同学围着八卦。

云晴俱是微笑回应:和李斯年做同桌能让我更自律用心地学习。

做了同桌之后,她一举一动都会落在李斯年的眼皮底下,为了不让对头抓住把柄,也为了不让李斯年追上自己,她比之前更努力地看书学习了。

李斯年亦是如此。

两个人每天清晨第一批到学校,每天晚上最后一批离开。

李斯年虽然卷但还算有良心,知道云晴怕黑,每次都让云晴拽着书包带和他一起离开。他负责晚上,云晴就每天早上多带一瓶牛奶,放到李斯年桌子上。

这样的日子过了一个月，云晴的好朋友陆琰琰趁着李斯年出去接水凑了过来："我听岑雪说，是李斯年撮合她和孟燃同桌的……所以你和李斯年究竟是怎么回事？"

黑色的签字笔落在纸上拉出长长的一道笔迹，云晴唰地抬头："他撮合的？不是孟燃放他鸽子？"

陆琰琰见她一无所知，啧了一声："还有件事，隔壁班的学委和我打听你会不会给他回信。他一天一封可虔诚了。"

云晴更蒙了："我没有收到他的信啊？"

这时李斯年从外面回来，陆琰琰意味深长地笑了一下，赶紧离开。

李斯年坐回座位上，顺手在她桌子上扔了一根真知棒："路上捡的，见者有份。"云晴有无数个问题想问，但不知道从哪儿问起，最后剥开糖纸把棒棒糖塞进嘴里。

一模考试如期而至，一整天的考试让人身心俱疲，晚自习班主任就给大家放了部电影放松放松。

教室内的灯都熄灭了，只有最前方的投影泛着不刺眼的光，这样的环境太适合睡觉了。神经骤然松下来，云晴感受到了疲惫。

她莫名其妙地梦见了李斯年。不过是那个她没见之前想象的、面目模糊的李斯年。

梦到他从教室门口走进来，在黑板上写下自己的名字后，再回头，那蒙在脸上的雾散开，露出他真实的模样，似笑非笑地看着她，叫她"云晴同学"。

云晴一下就醒了，突然从梦里惊醒的心悸让她一时没有动作。电影不知道播到哪里，现在放着一段舒缓的音乐。

那音乐声音不大，所以她能很清晰地听到一阵翻书的声音，是从她头顶上传来的。

云晴抿了抿唇，将脑袋调转了个方向，小心翼翼地将眼睛睁开一条缝。

电影的光影照不亮教室最后的角落，云晴看不清那里发生了什么，待李斯年走回来，她急忙又闭上眼。

电影还在放着，她装成才睡醒打了个哈欠，缓慢睁开眼："我怎么睡着了？"

李斯年没有半分心虚的反应："太累了吧，晚上回去早点睡，我最近晚上回去没有学习。"所以你也不用回去继续卷了，云晴听明白了意思"哦"了一声。

今晚两个人没上自习，电影结束后就离开了。云晴等着李斯年上了来接他的车离开之后，又跑了回去。

教室角落里放着垃圾桶，晚自习之前值日生已经倒过垃圾，里面空荡荡的，只静静地躺着两封信。信封上写着"致云晴"。

那罐云晴送给李斯年的冰可乐好像在这一刻被人打开，咕嘟咕嘟的气泡不断地翻涌上来，在月色里将她淹没。

流星雨

当夜云晴浑浑噩噩地回到家时，老云正在客厅里拍桌子瞪眼睛。

"我今天在饭局上听人说，姓李的他儿子和你一个班是故意安排的！他也太过分了，就是故意要让他儿子去迷惑你影响你。"

老云隔三岔五就要抨击一下李家人，可没有一次像今天这样让她觉得心口发堵。云晴想说李斯年不仅是个好人，还是个不管从哪个角度连她这个死对头都要夸一句"优秀"的好人。可她不能反驳，为李家人说好话会让老云爆炸。

　　第二天考试成绩出来，云晴排第三，李斯年则第一次力压孟燃排名第一。

　　云晴和李斯年的成绩单上第一次隔了一个人，云晴看了半天才坐回座位，垃圾桶里的信和老云昨夜的话一直交替在脑子里转来转去，挥之不去。

　　等李斯年踩着铃声进了教室，一只纤细的手指推着一张纸条递了过去。

　　——想好要的谢礼了吗？我想尽快还那两次恩情。

　　李斯年嗤了一声："这么着急想跟我恩断义绝？"

　　"'恩断义绝'不是这么用的。"云晴表情很认真，"总想着这个事会分心，最后关头我不想输给你。"

　　对于比个高低上下，云晴一向都是执着的。李斯年在接下来的一节课里貌似真的很认真地想了，等到下课他回了纸条。

　　——什么时候陪我看一场流星雨，欠我的那两次就自动一笔勾销。

　　谁也不能保证流星雨什么时候会来，但是云晴相信总有一天会等到，总有一天她和李斯年会"恩断义绝"。

　　接下来的日子里，云晴晚自习时间也回家学习。她好似真的全身心地在战斗，把那些平日里微不足道的细小时间也利用起来。

　　高考结束那天，嘉城痛快地下了一场雨，像是要把整座城市重新洗刷一遍。

　　终于摆脱这旷日持久的压力，岑雪提议去郊外的临安山，据说明天可能会有流星雨，流星雨太难见到，班里的人都同意。

　　临安山是嘉城地势最高的地方，大家扎了帐篷后自助烧烤，边玩边等流星雨。

　　陆琰琰端着一盘烤好的菜过来，戳了戳发愣的云晴："你怎么今天心不在焉的，是因为李斯年没来吗？"

　　云晴没想到这场流星雨来得这么快，更没想到她跟着班里人上山之后接到李斯年的消息，他病了没法过来。

　　李斯年的要求是"陪"他看流星雨，他人不来，自然不算陪。那他的恩情不知道要等到什么时候才能还完。

　　"我们在流星雨来之前写一封信吧，给十年后的自己写。"岑雪将浪漫主义发挥得淋漓尽致，晃了晃手里的铁皮盒子，"写完之后放在这个盒子里埋起来，等十年之后我们再一起过来打开。"

　　云晴捏着笔，默默愣了许久，才写下两行字。信纸折叠起来投进铁皮盒子里，黑夜里一颗流星划破天际。

　　众人惊呼着往山顶那个观星最好的眺望台跑，人紧挨着人等待流星降临。

　　璀璨的流星拖着长长的尾巴从宇宙外奔来，朝着这一片大地坠落。

　　跑过来的一路上太黑了，云晴的速度不自觉就变慢了，这会儿人在最外围。有人却比她还晚，靠过来的时候指尖不经意地勾住她的手背。

　　云晴皱了皱眉，旁边人的手已经离开，低声道："抱歉，不小心碰到了。"

　　云晴听到熟悉的声音歪过头去看，果然是李斯年："……你不是病了？"

　　李斯年眼下有些发青："如果因为生病而错过跟你一起看流星雨，我会终生遗憾的。"

流星将天空晃得亮若白昼，云晴的心跟着星子一起下沉。

"云晴……"

"嗯？"

李斯年咳嗽了一声，声音有些哑："欠我的你已经还完了，比试也结束了，作为对头我们的关系可以告一段落，作为……"

"李斯年。"云晴出声打断他，盛大的狂欢即将进入尾声，李斯年的心突然被这一声叫得悬了起来。

"说起来我还要感谢你，要不是你我也不会那么努力，心如止水不敢懈怠地学习。反正老云和李叔也不会握手言和。"她歪着头笑了一下，哥俩好一样拍着他的肩膀，"我们继续做死对头吧，李斯年。"

在你追我赶间，他们一起走了很远。

在翻垃圾桶的那晚，在听到老云第无数次抱怨李家人的那一刻，云晴有些心慌地发觉，回头去看这条路上已经没有其他任何一个人，只有他们彼此。

白日里不会有从亿万光年外来的流星，晴天也不会见彩虹，她和李斯年没有可能。

他们都应该找回初心，走错了的路，回头重新走。

不能实现的愿望，谁都不要说出口。

论坛见

流星雨那夜的后劲儿太大，大到云晴一闲下来满脑袋都是李斯年有些受伤地笑着应她："好啊！"

她第一次见到这样的李斯年。

她听老云说过，李叔要安排李斯年出国，为了避免最后一个假期里见到他尴尬，出成绩之后云晴就去了一趟云南。就在她以为自己把李斯年忘得差不多回到嘉城的时候，现实给了她迎头一击。

李斯年最后没去国外，而是和她一样也上了嘉南大学。更要命的是，在她在外奔波的这一个多月时间里，老云和老李的商战又出了新篇。

用老云的话说就是："姓李的听说我请一个客户吃饭，居然喊后厨换了我的菜，上了一桌子萝卜，这人真是过分。"

这现实商战过于好笑，在网络上发酵起来迅速走红，学校里有人发现商战两位主人公的孩子居然都是嘉南大学这一届的新生，把这个消息发成帖子到学校论坛里。

等到云晴入学的时候，以她和李斯年为原型的同人文《傲娇与偏见》已经成为论坛第一读物，两人情侣名叫"情思"。

双强相杀，宿敌相爱，嗑到"情思"就和呼吸一样简单。

在作者"情思永远热恋"的笔触下，很明显是李斯年对云晴辗转难忘，爱而不得。

云晴走到哪儿都有人感叹："李斯年超不容易的。"

云晴翻来覆去把那篇文章看过很多遍，里面有很多细枝末节连陆琰琰都不知道。她隐隐有个猜想，但开学一个月她也没和李斯年碰过面，也没机会问清楚。

十一国庆假期，云晴回了家，当天下午就接到了老云的电话，要她去接他。

云晴到时，酒店包间内，老云和老李面上挂着假惺惺的笑，正在互相劝酒。一旁安静坐着玩手机的，居然是她开学之后就一直没碰到过的李斯年。

云晴尽力做出云淡风轻的样子，笑了笑："很久不见了。"

"也没有很久。"李斯年也笑，将手机收起来，"论坛里我们刚刚见过。"

她又开始坐立难安了，好在李斯年出去接了个电话，缓解了尴尬。

过了很久李斯年还没回来，老云搂着云晴让她出去找人，将她推到门口时压低声音说了句话："李斯年也不容易。"

云晴深刻怀疑老云也看了同人文，还没来得及问就被推出了门。

外面下起了小雨，淅淅沥沥的，云晴在不远处的凉亭里找到了李斯年。

算了算只有两个月没见而已，却像是过了很久，久到她愣了一会儿也没找到适合的话开口："你怎么去嘉南大学了？"

李斯年挑眉："你想听假话还是真话？"

"有什么区别吗？"

"假话呢，是国外太远了，我没有安全感。"李斯年顿了顿，声音陡然放轻，"真话是，离你太远了，我没有安全感。"

他的尾音落入渐大的风雨中，她却神奇地听得一清二楚。

李斯年摊开手心在云晴面前，他的掌心放着一张纸条。折成三折，从边缘泛黄的颜色可以看得出来，这纸条经常被人在指尖摩挲。

云晴的笑意僵在脸上。那是她在临安山上给十年后的自己写的信。

云晴内心不服输的情绪再次涌上来，她动作很快，一手扣住李斯年的那只手，另一只手迅速夺过他的手机。

浏览器的界面还停留在嘉南大学的论坛上，他的主页名字如她猜测的那样，是"情思永远热恋"。

这下换成李斯年的表情僵住。

李斯年回过神，将纸条塞到她的手里，顺带将她的手整个包裹在掌心里："你现在走，我不会拦着你，我们到此为止。但如果你像这里写的那么喜欢我，就留下来。"

"不管你这次赌输还是赌赢，我永远做你的手下败将。"

她知道老云态度的松动，肯定和李斯年有关。

云晴的世界乱成一团，只有李斯年的手可以带她找到方向。就像当时一中里那一段永远漆黑的路，只有李斯年可以照亮。

试一次吧！勇敢一次吧！

别回头，和李斯年一起往前跑吧！

她心底的声音在催促着她反手攥紧他的手，与他十指相扣，李斯年顺势将她带到自己的怀里。

"啪嗒"一声响，不远处的雨伞掉在地上。

老云笑眯眯的，老李愣了片刻，咆哮道："李斯年，你给我滚过来！"

在相拥

之后的整个国庆假期，云晴都没能和李斯年见面。

云晴忐忑又不安，几次想上门，都被老云压住了："淡定，小李会解决的。"

云晴还是觉得很奇怪："你怎么这么相信李斯年？我以为……"

"你以为我会反对你们在一起啊？我

和姓李的也没有什么深仇大恨，就是从上学开始你争我夺，谁也不想和对方低头罢了。这次是李斯年对你爱而不得，算起来是姓李的败给我，我为什么要反对？"

这下云晴可以确定老云看过那篇文章了。

云晴知道和李斯年在一起很为难，所以她选择和他告别，可李斯年选择了去战斗。

云晴想起他曾经千方百计地和她同桌，还在同桌时将别人写给她的信销毁以驱赶情敌……李斯年诡计多端八百个心眼子，他但凡想真的做什么总有办法。

暴雨停下时，天边出了彩虹，云晴终于等到了李斯年的电话，匆匆下了楼。

她仔仔细细地检查了李斯年的身上，看见没有什么伤才松了一口气。

"他问过我几遍是不是真的喜欢你，我说是，然后把同人文甩给他看了，我承认是我写的，因为你实在是不喜欢我，我只能自己写文来安慰自己了，不然我肯定会发疯的。"

"我说我好不容易打动了你，但是你爸不会同意我们在一起的。我爸说他都没说不同意，姓云的凭什么，过两天他要去上门说服云叔了。"

云晴："……"

一篇同人文两头忽悠，确实是"李斯年"牌的阴谋诡计。

"世事其实都没有想象中那么艰难，先打败我们的往往是内心的恐惧。只要有心，总可以有解决办法的。"

云晴想到李斯年殚精竭虑时自己却在云南玩，不由得叹口气："李斯年，你真的不容易。"

小区前面是一个小公园，积水洼了一片，云晴着急只穿了毛绒拖鞋下来走不了路，李斯年就弯腰蹲在她面前。

云晴弯着唇跳上了他的背，她能回忆起的对李斯年的清晰心动，就是在那一次长跑中，她被李斯年背着去医务室。

"那个同人文为什么叫《傲娇与偏见》？谁是傲娇？"

李斯年说："当然是你，你心里疯狂地喜欢我，但是嘴上不承认，不是傲娇是什么？"

他说的是那一封本该埋在地下的信。

她写给十年后自己的，只有两句话。

[你在十年前有个很喜欢，但是不能在一起的人。希望看到这封信的你没有束缚，爱你所爱。]

规整地写完这两句后，后面的那一句，是在流星雨快来的那一刻，她心潮涌动添上去的，字迹很潦草。

[我好喜欢李斯年啊……]

云晴眼眶泛热却不想让李斯年发现，冷着声音找茬："我是傲娇，所以你对我有偏见是吗？"

"是有，一开始我觉得你挺可爱的。"

云晴凶巴巴地说："那现在呢？"

"太可爱了！"李斯年夸张地"哇"了一声，"全世界没有谁比云仙女更可爱了！"

云晴和李斯年能谈恋爱，是晴天遇彩虹，白昼现流星。

诡异得好像是末日里才会发生的一场奇遇。

好在，他们等到了。

好在奇遇来临时，他们在相拥。

藏在心底的夏天，不再是秘密

✽ 林乐时

你知不知道，我第一次喜欢一个人，好长一段时间连题都做不对了，可我又不敢告诉你。

1

也不知道从什么时候开始，我总是不由自主地关注她。她常常来我们班找王乐奇，每次他们都站在教室外的栏杆旁边说笑着什么。这个时候我就会假装看向窗外，但事实上我是在观察她。

她留着有些凌乱的短发，不像其他女生那样齐耳并且整齐，每次风吹乱她的头发，她都会弯着眼睛去安抚它们。她笑起来那么随意，可就是有一种捕捉人的目光的魔力。

"王乐奇，这次我的胜算很大哦。"她举起手里的试卷在王乐奇面前摇了摇。

王乐奇好像很生气，一把抢过她手里的试卷，说："江夏，你别得意得太早，不到期末我就有机会翻盘！"

"那我可是非常期待你的表现哟。"

她冲他做一个鬼脸，转身准备离开的时候看到了我，她似乎还冲我笑了笑。我迅速转过脸，等我再看向窗外的时候她已经不见了。

江夏，她叫江夏。

我早就知道她叫江夏了。

2

江夏，我究竟是什么时候记住了她的名字的呢？或许是运动会的时候她参加三千米长跑，同学在操场边为她加油，不停地大喊着"江夏加油""江夏再坚持一下""江夏你最棒了"；或许是上次学校举办英语演讲比赛,她以流利的口语和优美的演讲词获得第一名,我是第二名,而我很少拿第二名;也或许是大课间去操场做操的路上,她路过我身边的时候,有人向她诉苦"江夏,你能不能给我们留点活路";又或许……

等一下,奇怪,我的记忆里为什么有这么多关于她的瞬间呢?真的好奇怪,我并不是一个喜欢翻看脑海里的记忆的人,但她最近老是来搅乱我的记忆。

又一个课间江夏来找王乐奇,她藏在窗边,只露出一个小脑袋,我不是刻意去看窗外的,可她出现的时候我已经转过头看到她了。她看着我旁边空着座位有些意外,疑惑一下子跑进她的眼眸里,像一只懵懂的小猫一样。

我推开窗告诉她:"王乐奇不在,班主任叫他去办公室了。"

她笑起来说:"原来是这样。"

她转身准备离开,可又忽然回到窗前,我茫然地看着她,她很客气地笑着,说:"可以请你把这个转交给他吗?"

这次不是试卷,是叠得很整齐的……信,我不想说那大概是情书。

我接过来,说:"好的。"

"谢谢你。"她脸颊上泛起羞涩的红晕,然后像一阵风一样跑走了。

我把那封信放在桌角,然后重新开始做题,我发誓我绝对不会去看信的内容,但很奇怪我的目光总是跑到它的身上。我承认我有些好奇那里面写着怎样的内容,但我的理智告诉我不能看。

王乐奇回来后我把那封信完好地交给他,并告诉他:"总是来找你的那个女生让我把这个交给你。"

"哦,你说江夏啊。"

王乐奇很快打开那封信,我不知道那张纸上面写了什么,但应该是很美好的内容,因为王乐奇笑得很开心,而且他还很珍惜地把那张纸收进了自己的笔记本里。

我不在意,我真的不在意,但那道大题我做错了,而且错得一塌糊涂。

3

或许是因为我帮江夏给王乐奇传了一次信,她再见到我的时候会主动跟我打招呼了,我觉得这是一个很好的开始,是我真正认识她的开始。

上课前我去办公室交作业,正好遇到她从办公室里走出来,她看到我眼睛一下子亮了起来,还向我挥挥手,轻声说:"嗨。"

我不自然地回应她:"嗨。"然后我们擦身而过。

以前我从来没有刻意注意过擦肩而过的两个人距离会有多么的近,但这一次我注意到了,我们的衣袖相距大概0.5厘米,已经可以约等于我们碰到了彼此。我的心跳忽然乱了节奏,我真想捂住它,希望她没有听到我那胡乱的心跳声。

那天江夏一整天都没有来找王乐奇,但我看到他们中午一起从食堂离开回教室去。刚开始他们并肩走着,王乐奇突然使坏用肩膀撞江夏,江夏被撞了一个趔趄,等她回过神来的时候,王乐奇已经哈哈笑着跑开了,江夏追上他,踢了他一脚,然后他们两个一起笑了。

正是中午时分，太阳在天空里高高挂着，我抬起头，太阳刺痛我的眼睛，天气晴朗得像是在看我的笑话，因为我的心里已经在下雨了。不知道为什么，当我看到他们两个一起开心的时候，我就会非常不开心。这对我来说是个不可以仔细琢磨的难题，因为我实在搞不懂自己的心思。

这个时间我原本应该已经坐在教室里开始解决数学、物理、化学随便哪一科的题目，可我却一直停在看着他们离开的原地，想要弄清楚江夏是在什么时候藏在了我的心底。

4

这几天天气似乎很同情我的心情，晴朗的天空也变得阴沉起来。傍晚放学的时候下起了雨，可我却因为早上的时候心事重重忘了带伞。

"林于？"

就在我准备带着悲伤的心情冲进大雨里的时候，一声天籁传进了我的耳朵里。我回头，是江夏。

"你怎么还没回去？"她十分关切地看着我，或许是因为我是王乐奇的同桌吧。

"你坐几路公交？我送你吧。"她说着打开雨伞。

她把伞举过我的头顶，但因为我比她高太多，她显得有些吃力。

"谢谢你，我来吧。"我不想显得太冒犯，便伸出手等着她把伞交到我的手上。

她把伞递到我的手里，手指抽离时滑过我的指肚，她的手指冰冰的。

她的伞很可爱，伞边上趴着调皮的小狗，她一定很喜爱小动物吧。只是小女生的伞有点小，我们两人一起打要挤着才能避免被雨淋湿，这不免又让我的心脏怦怦乱跳起来。不过还好，这次她站在我的右手边，打在伞上的雨声那么大，我敢保证她绝对听不到我的心跳声。

等我们到了公交站牌处，路上已经没有什么人了。她问我坐几路公交，我说1011，她很惊喜地说："我也坐这路呢。"

我知道啊，有很多次我们乘坐同一辆公交车，只是她应该从来没有注意到我。是啊，她没有注意到我的理由，我们不同班，又学着不同的学科，虽然我一直是纯理科班的年级第一，但这对她来说并没有什么影响。如果不是因为王乐奇，大概我们两个连相互交谈的理由和机会都没有吧。

公交车来的时间点恰到好处地避免了我们两个呆呆地站在那里相对无言的尴尬，上车后我们很自然地往后面走，这趟车上的人不多，后面有很多空余位置，但犹豫了一下后，我还是选择坐到了她的身边。

可能是车厢里太安静了，我们都想说点什么来缓解一下这奇怪的安静，于是我们同时开口，又同时收回了各自想要说出的话。

我也不知道是什么样的情绪影响到了我，或许我只是不喜欢疑问一直留在我的心底吧，我问她："你是喜欢王乐奇吗？"

她似乎觉得这个问题不应该存在，她毫不犹豫地说："喜欢啊。"

那么干脆，那么理所当然。我在碰到

难题的时候会变得很固执，一定要找出正确答案才肯放过它，所以这一刻的我也很固执。我问她："为什么呢？"

是因为他长得高还是因为他成绩好？可是这两点我都比他要优秀一点啊。但也可能是因为王乐奇性格好，我们班的女生也都很喜欢和他聊天，这一点我不如他，因为我觉得那些话题都太无聊了。

江夏在深思熟虑，不过她很快奇怪地看着我，说："因为他是我亲表哥呀，我喜欢他需要理由吗？好像讨厌他才需要吧？"

我很想笑自己愚蠢，为什么我从来没有设想过这种答案？

啊，暴风雨啊，快来冲刷一下我的大脑吧。

5

大概是因为我们一起打过一把伞，又一起乘坐过一次公交车了，我和江夏似乎变得熟悉起来。

有时候她来教室找王乐奇，王乐奇不在，她就让我传话。她说："林于，告诉你的同桌，他的英语要是继续这么烂下去，就做好做一个暑假家务的准备吧！"然后她把他的英语试卷扔到我的桌子上，上面写着每一道错题的解析。

原来她之前每次来找他都是来给他讲英语知识点的，原来他们之间一定要分个胜负出来，是因为那关乎着由谁来做家务活。在得知这些真相后我在心底嘲笑自己真幼稚，我之前竟然还因为江夏总是在课间来找王乐奇而嫉妒过他。

期末最后一节语文课上老师讲作文专题，发下一篇优秀范文给我们参考，作文的作者是纯文科班的江夏。而在我们语文老师眼里，不只这篇作文，就连她不怎么熟悉的江夏都是一个近乎完美的存在，只恨江夏不是她的学生。

我不得不承认江夏写得确实很棒，字写得也很漂亮，和她那头凌乱的短发一样有个性。其实我应该早就发现的，她的字和王乐奇的很像，都是十分洒脱飘逸的那种，只是江夏的字更内敛一些。

坐在我旁边的王乐奇看着江夏完美的作文一脸狰狞，嘴里还不停地念着："啊啊啊，江夏，我不会放过你的！"

下课我去办公室，和江夏迎面相遇，我说："嗨，大作家，你的大作可是让我们语文老师在课上夸了一节课。"

她丝毫不意外地说："林同学，你这句话我这几天已经听到免疫了，感谢各班语文老师的慧眼识珠。"

"不过你哥好像有点抓狂的样子。"

江夏一听到王乐奇就来了精神，说："因为快乐的暑假马上就要到来了呀。"她说完还俏皮地冲着我眨了下右眼。

那是我在期末前见到她的最后一面。

6

我第一次如此厌烦暑假的漫长，希望学校提前开学。

有时候我会发信息问王乐奇在干什么，他都会说在带孩子，而那个孩子就是江夏。王乐奇期末没有考过江夏，承担了家里的所有家务，而江夏会在他扫地洗东西的时候故意给他捣乱。我想象不到那样的江夏是什么样子的，我觉得王乐奇好幸福，他能见到很多种我不曾见过的江夏。

整个暑假漫长的几十天里我只匆匆见过一次江夏的背影。那天我和朋友出去打球，她骑着单车和我们擦肩而过，她骑得很快，她的短发在风里飞舞着。哦，对了，她的头发好像比在学校时还要短了，王乐奇说她害怕热，差一点就直接剃了，还好他当时拦住了。

多么可爱的一个女孩。

7

我以为开学后我会经常见到江夏，但是没有。可能是高三的时间太紧了，她不再来找王乐奇，他们也只是在大课间去操场的路上交换一下试卷，或者一起走的时候聊聊天。

我们开始很少直接碰面，但是我总能一眼就在人群中捕捉到她的身影。我觉得这一点很神奇，因为我从来没有刻意训练过自己这种能力，就像每当有我非常熟悉的题目出现，我一眼就能看出正确答案。

进入高三后生活节奏变得快了起来，我们还没好好感受秋天，冬天就已经侵占了我们的生活。

那天我看到江夏一个人吃饭，她看起来一脸愁容。我没有犹豫，端着饭菜穿过大半个食堂坐到她面前。

"林于。"

她的声音有点低落，我的心揪了一下，我还没有见过这样的她。平时的她总是明媚的，爱笑的，偶尔还有点调皮，生机勃勃，但总不会是现在这样的。

"不舒服？"我觉得这些饭菜都没什么滋味了。

她摇摇头说："没有。我只是在做一个人生的重大决定，所以我在挣扎。"

作为一个外人，我不好说我能为她出谋划策，我只好说："要不你问问王乐奇？"

她扯着嘴角想笑："他自己都还没弄清楚自己的人生是怎么回事呢。"

我点点头，那倒也是，他最近状态确实也不太好。

她忽然深吸一口气，再抬头的时候就像变了一个人，眼睛里也有了光芒。

"我已经决定好了，我们吃饭吧。"

我伸手去拿筷子的时候不小心碰到了她的手。江夏忽然用她的双手握住我的手，我吓了一跳，不敢随便乱动。

她说："林于，你很讨厌触碰到别人吗？你不会没有喜欢的人吧？从来没有过吗？那你感受过别人的温度吗？兄弟姐妹的，父母亲戚的，都没有吗？"

她手心里的温度不断地传到我的手心，这种感觉很奇怪，我的手并不冷，但我却贪恋她的温暖。可我确实已经很久没有感受过任何人的温度了，久到我都不知道上一次是什么时候了。

"这样很奇怪吗？"我问她。

她松开我的手，我一阵失落，她说："难道学霸都是这么冰冷无情的吗？"

我想说不是的，但我又无法向她证明。

8

从上次那个问题之后我就再没和江夏

直接交谈过了，我很想向她解释什么，但时间和机会总是不允许，直到我在高考前的第二次模拟考试时考砸了。

我从班主任办公室里出来，在楼道里遇到了她，她看上去并不像是路过的。我情绪不好，不想影响到她，本想就那么从她身边走过去，她却突然叫住了我。

"林于。"

我不知道从她口里叫出"林于"这两个字的杀伤力这么大，一瞬间红了眼睛。

她看着我笑着，她的短发不再像以前那么短和凌乱，大概因为复习一直没有时间去剪。

她说："林于，我有个秘密其实一直都很想告诉你。"

她说完又露出十分为难的表情，继续说道："这样吧，高考结束，如果你考了第一名，到时候如果你还想知道的话，我就告诉你。"

关于她的秘密，我的心底有一个答案呼之欲出，但我几乎在同一时间狠狠地把它按了回去，我不敢高兴得太早。

9

高考那段时间倏忽而过，比做梦还要虚幻几分。出分那天我接到王乐奇的电话，他说："江夏说她有个什么秘密，你要是还想知道的话她在学校门口等着你。"

18年来我第一次无法准确地描述自己的心情，像灿烂的烟花绽放在心头，像春天的花瓣在春风里纷纷落下，还像马上要得到奖励的小孩子雀跃的欢喜。总之我感到很快乐。

王乐奇似乎很不高兴，他说："江夏什么时候开始跟你有秘密的……"他还在说什么，但都已经不重要了。

我一路狂奔到学校门口的时候，看到江夏穿着一条水蓝色的裙子站在那里。我想抚平我的心情，让心跳变得稍微慢一点，但我做不到。

我顾不上让自己的呼吸更顺畅一些，便迫不及待地问她："江夏，你的那个秘密究竟是什么？"

她很奇怪地看着我说："我以为那已经不是秘密了呀。"

我不懂她的意思，疑惑道："嗯？"

"林于，我喜欢你呀。"她说，"你不会真的以为我那个时候总是往你们班跑是去看王乐奇的吧？他那张脸我都看了十几年了，有什么好看的。"

原来她每次来找王乐奇其实是来看我的；原来他们每次都站在我的窗口的那个位置是为了更好地看到我；原来当我在偷偷观察她的时候，其实她也在看着我；原来在我心底呼之欲出的那个答案是真的。

她伸出手，说："虽然现在牵手会有点热，你……"

她还没有说完，我就把她的手抓在了手心里，生怕她下一秒就反悔。

"江夏，你知不知道，我第一次喜欢一个人，好长一段时间连题都做不对了，可我又不敢告诉你。"

江夏听到哈哈大笑了好久。

终于，在这个夏天，我的青春圆满了。

十六岁的诗

✳ 婆娑果

宋依追上叶晨朗的步伐，
她好像，终于离他近了一些。

1

宋依第一次见叶晨朗是在她十六岁。

高中一年级第一学期的期末考，对宋依来说极为重要。因为家里还没上幼儿园的弟弟实在闹人，宋依只能约了好友到学校附近的咖啡厅。她们点了两杯果汁和华夫饼，坐在角落奋笔疾书的样子像是参加了某些重大工程。

蒋兰兰遇到一道实在解不开的题，便向宋依寻求帮助。宋依算出结果，却与练习册后给的答案大相径庭。她又重算了一次，因为烦躁忍不住一边啃指甲一边碎碎念着将算法嘟囔了出来。

许是觉得她太吵，隔壁桌的叶晨朗放下笔记本电脑，伸手冲着宋依比画了一个"给我看看"。

宋依没明白他的意思，忙红着脸道歉："对不起，吵到你了吗？"

"题给我看一下。"

叶晨朗的手很好看，十指修长，指甲饱满，肤色看着比宋依还要白上几分。宋依愣了三秒，默默交出了练习册。对方扫了一眼后便将册子还给了她，他喝了口咖啡，懒懒问道："你算出来的答案是多少？"

"1.5。"宋依如实相告，"答案给的是2.8。"

叶晨朗放下咖啡杯："答案错了。"

"嗯？"

"练习册给的答案错了，你的才是正确答案。"他挽起袖口，重新将十指搭在键盘上，"既然认为自己的算法没错，那为什么觉得练习册给的答案就是正确的呢?"

这话说完,他像是给了自己什么启发,连按半晌删除键,把刚刚敲上去的东西一鼓作气删成了白板。

宋依忍不住又偷瞄了这个"怪男人"几眼,他很好看,也许是肤色和发色的缘故,整个人的颜色看起来都很"浅"。阳光应该没怎么忍心晒过他,那样的皮肤,一看就没经受过紫外线的摧残。宋依沉迷于给人"相面",完全没注意到蒋兰兰一直在小声喊自己的名字。蒋兰兰忍无可忍,伸手戳在宋依不自觉露出来的酒窝里:"依依,我在和你说话,听到了吗?"

"啊,你说啥?"

"我说……"蒋兰兰竖起练习册,挡住自己的大半张脸,"这人说话靠谱吗?"

她声音很小,宋依几乎是靠读唇语才勉强"听"得到。

宋依默默抓起一块华夫饼塞进嘴里,若有所思:"应该靠谱。"

"因为他给出的答案和你一致吗?"

"不是……"宋依没忍住,又歪头偷瞄叶晨朗一眼,"你不觉得,他长了一张特别聪明的脸吗?"

蒋兰兰认真看向叶晨朗。

且不说"长得聪明"这一修辞在语言文法上是否适用,单单是叶晨朗现在的模样,就与"聪明"二字没什么关系——他的十指正在键盘上飞舞跳动,稍有卡顿,便会空出一只手来摧残自己的头发。他原本梳理整齐的发型因为不断被薅来薅去,成功进化成鸟窝,看起来乱蓬蓬的。

蒋兰兰叼着吸管,试图去理解宋依口中的"长了一张特别聪明的脸"。

她试探性问道:"你的意思是……他的发型很像爱因斯坦的?"

宋依嚼了一半还没来得及吞咽的华夫饼因一时激动被卡在了嗓子眼,她想要去拿果汁,却因手忙脚乱直接将杯子打翻。

她们这桌,鸡飞狗跳。

隔壁那桌,岁月静好。

叶晨朗从电脑包里拿出纸巾递给她,宋依憋着一张红通通的脸接受了对方的好意。服务员过来帮忙收拾时忍不住拎起宋依湿答答的练习册发出感慨:"你要不要拍照留个证据,免得老师说你故意不写作业?"

"哪里能说不写就不写了?"蒋兰兰在一旁声情并茂,"别说只是被泼了果汁,就算是掉进了马桶,捞出来晾干之后不也不耽误奋笔疾书?"

隔壁桌的吃瓜群众突然笑出声来。

宋依回头看向他,虽没有镜子,但她也想象得到自己的窘态……想找个地缝钻!

"对不起。"叶晨朗干咳一声,恢复了他原本的懒散,"我只是突然想起自己高中那会儿,也做过这套练习册。那会儿我后桌因为去看演唱会没来得及写作业,就谎称做值日时练习册不小心掉进了水桶里。"

"然后呢?"蒋兰兰眨了眨她八卦的慧眼,"老师信了吗?"

他摇头,撑着下巴淡淡道:"没有,老师让他站在走廊晾了一天的练习册。"

因为服务员还在收拾宋依那边的烂摊子,所以叶晨朗的桌子被暂时"征用"了。宋依其他被抢救成功的书本堆在他面前,上面整整齐齐写了她的姓名、学校和班级。

"第三中学一年五班,你们班主任是刘晶?"

宋侬怔然点头。

叶晨朗笑了笑:"她也教过我三年。"

宋侬第二次见叶晨朗也是在她十六岁。

父母离异后,哥哥宋哲跟了妈妈,宋侬跟了爸爸。爸爸重组了家庭,和他的新太太又生了一个儿子。宋侬对上一辈人的情感纠葛没兴趣,对后妈也没有太多的敌意。大家相安无事地生活……只要这个叫宋远的熊孩子答应不随便进她房间摧残她的手办,她就愿意给他足够温暖的童年!

看着地上被硬生生摔断了脑袋的木之本樱手办,宋侬撸胳膊挽袖子便想暴揍熊孩子替自己的心肝宝贝报仇雪恨。可这事儿落在爸爸眼中,那就是她小肚鸡肠在和三四岁的孩子斤斤计较。宋侬愤然离家出走,可想来想去,却也只是从爸爸家出走到妈妈家——这大概算是父母离异的唯一好处,从一个地方离家出走,还有另外一个地方可以收留她。

原以为宋哲去了学校,这里要么没人要么只有老妈躺在沙发上敷着面膜啃黄瓜,所以宋侬也没太讲究礼貌。输入密码拉开门,人还没彻底进屋,就扯着脖子喊道:"妈,我来你这……"

"躲一躲"几个字还没说出口,就被她生生憋了回去。

她默默退出去,关上门。

重新输入密码,拉开门。

好吧,不是她开门的姿势不对,也不是她被宋远气得出现了幻觉——叶晨朗的确坐在她家客厅的沙发上,正端着装满咖啡的杯子满脸疑惑地看着她。

叶晨朗和妈妈是什么关系?宋侬开启头脑风暴模式。

二胎?不对,他的年纪应该要比她大上几岁。同事?叶晨朗最多也就是大学在读的年纪!家政?谁家家政会坐在这里悠闲地喝咖啡?难不成……这是妈妈给她找的后爹?

宋侬有些凌乱,傻呆呆地站在门口,进也不是走也不是……直到妈妈从厨房出来。

张女士从厨房探了半边身子出来,大声催促道:"进来啊,还等着我给你找拖鞋吗?"

"啊,那个……我……他……"宋侬偷瞄叶晨朗,有些语无伦次。

身后传来脚步声,她回头,看到了宋哲。

宋哲大她三岁,父母离婚那会儿,他就改姓了张。但因为"张哲"听起来没有"宋哲"好听,所以他在做自我介绍时还是会习惯性地用原名。他们兄妹两个在一起相处的时间虽少,但关系还算融洽。

"呦,宋侬来了,知道今天家里来了客人要吃大餐吧!"

宋哲在和宋侬打招呼时伸手搂住她的脖子,宋侬被勒得连连咳嗽,下意识一脚踩在宋哲的脚背上并附带一套肘击。宋哲"嗷"了一声,指责宋侬丝毫没有妹妹这一属性的萌点,一点儿也不温柔。他放下手里的东西,蹙眉小声道:"就当看在家里来了客人的情面上,你能不能对我客气一点儿？"

宋依顺势问："这位客人是谁？"

"我们是同学。"叶晨朗走过来，笑着向宋依自我介绍，"我们见过的。"

哦，还好，只是宋哲的同学，并不是她脑子里那些乱七八糟的关系。张女士在厨房忙碌，很有大厨风范。但依照过往经验，宋依对这顿饭是不抱任何期待的。她一脸乖巧地坐在椅子上，时不时抬头偷瞄叶晨朗一眼。

叶晨朗在和宋哲商量事情，两个人对着各自的电脑屏幕时不时交流一些宋依完全听不懂的东西。叶晨朗注意到她的目光，小声问道："我脸上有什么东西吗？"

"不是……"宋依舔了舔下嘴唇，"我就是感觉自己想起了什么事，但现在又说不出自己到底是想起了什么事。"

叶晨朗："……"

你在说绕口令吗？

宋哲一直在忙，直到吃饭的时间，才想起询问宋依怎么突然过来了。宋依夹了一块煳了半面的红烧肉，气鼓鼓一五一十地将家里遇到的破事讲了一遍。

"总说我和小孩子斤斤计较，可难道不是这个小孩子先不干人事吗？"宋依扭头看向张女士，"妈，小时候我哥和我吵架，你也是先教育犯错的那一个吧！并没有因为我年纪小就让宋哲什么都让着我吧！"

宋哲默默扒了一口饭："你想多了，那时候你玩疯了忘记去厕所，结果尿了裤子，咱妈都是先怪我没看好……你……"

他话还没说完，嘴巴就被宋依塞了个馒头。诚然在座诸位数她年纪最小，可她也要面子的不是？这种话怎么可以随口便吐露出来？尤其，叶晨朗还在！

宋依不自觉地看向叶晨朗，他果然在偷笑！宋依默默看向地板想要找个地缝钻进去，她现在就盼着叶晨朗保持沉默，就当没听到宋哲刚刚的话，给她留点儿颜面。可叶晨朗还是张了嘴："你说的那个手办我好像也有一个。"

"哦，他确实有一个。"宋哲拿出馒头，担当解说，"毕竟我们两个当时一起去的漫展。"

宋依记得，她收到的时候宋哲也不过还在上高中的年纪。她越想越觉得不对，试探性问道："你们两个，高中就是同学？"

二人点头。

宋依看向叶晨朗："你之前说的那个把作业扔进水桶里然后被迫在走廊晾了一天的人，不会就是宋哲吧？"

"是他。"

宋依终于想起自己觉得想起但又没完全想起的事情是什么了——印象里，宋哲的确是干过一回这种事。事后，他还和她分享经验，说这招不好使，千万别用来糊弄老师。宋依当时还吐槽来着："放心，我不会的，我又不傻不是吗？"

宋依看了一眼宋哲，转身又看向叶晨朗，她坐得笔直，认真解释道："我们家这么傻的就只有我哥一个，这种智商下线的事情我绝对没有做过。"

叶晨朗像是被她的认真感染，所以也很认真地点了点头算是回应。宋哲在一旁愤愤不平："宋依，我好歹是你哥！叶晨朗，我好歹是你室友！你们两个说我坏话的时候是不是应该先顾虑一下我的感受?"

宋侬很冤,她全程主语都是"我",哪里提了宋哲?

星期六的上午宋侬接到一份不知是谁寄来的快递,打开后,发现是小樱的手办。和她那个一模一样,是有些年头的样子了,但保养得当,看起来和新的没什么区别。宋侬猜测是叶晨朗送来的,但也不敢笃定。毕竟只是见过两面,这实在让她有些受宠若惊。

可她问了一圈,也没找到这个"好心人"是谁。等最后问到宋哲时,对方将话说得特别轻松:"哦,是他送的没错。他找我要了你的地址,这次你放好了,再被宋远摔了可就只能自己做手工把脑袋接上了。"

毫不夸张地说,这礼物送到了宋侬的心坎里。她觉得,就算宋哲一再强调对方不需要回礼,自己也应该表达谢意。宋哲到底是她亲哥,很快就帮她将叶晨朗约了出来。宋侬揣着一颗七上八下乱跳的心去找人,想着反正宋哲也在,会给她打圆场,场面不至于太过尴尬。可等她赶到"指定"餐厅时,却发现角落里坐着的只有叶晨朗,宋哲根本不在!

宋侬咬牙:"宋哲……你可真是我亲哥!"

她硬着头皮走过去,坐下,在叶晨朗抬头看向她时果断开门见山:"谢谢你送我的礼物。"

"不用谢。"他的视线离开电脑,懒洋洋伸了个懒腰,"你当我移情别恋了就好,我最近喜欢……美羊羊。"

宋侬:"……"

小樱如果知道自己输给了一只羊,一定会哭吧!

"你哥一会儿过来。"叶晨朗将菜单推给宋侬,"想吃什么随便点,他说他过来买单。"

宋侬捧着菜单偷瞄叶晨朗,她一直都好奇,他和宋哲两个人每天噼里啪啦地在敲什么东西。宋哲是计算机系的,叶晨朗是他室友,所以应该同系才对……

像是看出了她的疑虑,叶晨朗主动解释道:"老师布置的作业,设计一款用于签到的app。我觉得没什么意思,就拉着宋哲想再加些东西,你想知道我们加了什么吗?"

宋侬连连点头。

他托着下巴,用手指轻轻敲着自己的脸颊。等在宋侬的眼神里看到足够的期待后,他却转又笑道:"暂时保密。"

宋侬:"……"

叶晨朗撑着下巴懒懒地笑道:"先点餐,这个时间了,不饿吗?"

原本挺饿的,现在肚子被好奇填满,所以已经饱了。出于礼貌,她没有继续追问。出于好奇,她一颗心被吊着,凄凄惨惨戚戚。直到宋哲过来,宋侬都处于那种抓心挠肝的状态。宋哲在宋侬的背上拍了不轻不重的一巴掌:"看什么呢?眼睛都要掉出来了。"

"什么也没看!"宋侬没好气地给宋哲让了位置,"你怎么才来?"

宋哲坐下，看了一眼提前来的这两位画过的菜单，由衷感叹："这是猪吗？"

他抬头，看了一眼叶晨朗，转又看向宋依。目光在朋友和妹妹之间穿梭，然后越来越觉得氛围怪异。宋哲往宋依身边凑了凑，趴在她耳边小声问道："你一直盯着叶晨朗看，是对他……"

宋依心跳漏了一拍。

"有意见？"

宋依："……"

她今天，是有些无语在身上的。

见她不说话，宋哲只当自己猜到了真相。他轻轻叹了口气，然后继续小声嘀咕："你果然发现我晨哥神经病的本质了，你这孩子，打小就对神经病有意见。"

宋依有些凌乱，她什么时候对神经病有意见了？哦，除了宋哲这个神经病！

宋依无奈，下意识又抬头看向叶晨朗。他还在噼里啪啦蹂躏着键盘，显然并没有发现宋哲的"诋毁"。他脸上没什么表情，整个人看起来懒懒的。唯独一双眼睛，似是透着认真的光。他很喜欢现在在做的事情，哪怕只是老师布置的作业。那份认真，吸引着宋依的视线，让她有些挪不开眼。

宋依的十六岁，仿佛，是从那一刻开始的。

在得知叶晨朗那么努力只是为了在签到系统里加上"寝室大逃脱"时，宋依多少理解了宋哲所说的"神经病本质"——签到前所有人都要玩一款类似于"神庙逃亡+密室逃脱"的游戏，闯关期间，温暖的被窝、连载的动漫、刚到的外卖都会成为障碍，每一次中招，都会增加懒惰指数，等懒惰值加满就代表逃离失败，无法离开寝室就代表无法签到。

"所以呢？你们的作业合格了吗？"

"别提了！"宋哲干笑着看了叶晨朗一眼，"如果不是专业课老师脾气好，我们应该已经挂科了。"

寒假开始的第三天，宋依又在妈妈家楼下的餐厅里看到了叶晨朗和宋哲。

"你妈这两天休息，总惦记着做饭。我怕食物中毒，就跑出来了。"宋哲将菜单递给宋依，"为了你的身体健康，吃完再上去吧。"

宋依蹙眉："倒也没这么夸张，虽然确实很难吃，但应该不至于中毒。"

"她在炖豆角，你觉得，她能炖熟吗？"

宋依不再反驳，默默给自己点了一份生煎。她掰开一次性筷子，试探性问道："你们的那个游戏，能让我玩一下吗？"

叶晨朗快速将电脑交给她，并一脸期待。

虽然宋依没住过寝室，但玩这个游戏的时候也有很强的代入感。喜欢宅在家里的女孩子，想要出个门，的确处处是阻碍。被窝这种东西啊，夏天倒还好，冬天还真是舍不得离开。寒假就应该趴在被窝里，叫上一份炸鸡加可乐的外卖，然后看刚刚更新的番剧。新番看完，就翻个身，用小号潜入论坛撕心裂肺表达对某个角色的爱意。

游戏结束，宋依被抓回了被窝，签到失败。

宋依意犹未尽："这简直就是宅女的

理想生活!"

叶晨朗的眼睛亮了亮,他往前探了探身子,眼巴巴问道:"怎么样?有没有要提的意见?"

体验感很好,没什么需要特别提出来的意见。画面流畅动作丝滑,虽然内容简单,但特别有小时候玩网页益智类游戏的那种熟悉感。唯独有一件事她一直很想问:"你们这个火柴人的腿一个长一个短,是故意设计的吗?"

两个男人沉默了。

他们一人抽出一张面巾纸,然后相当默契地同时动笔在上面画了火柴人。等看到他们两个的作品后,宋侬明白了,不是刻意安排,只是水平有限。能把火柴人画成面条人,认真想想,也算是一种天赋。

"我画画还行,要不,我帮你们画吧。"宋侬接过服务员送来的生煎,笑着说了声"谢谢"。叶晨朗完全没想考究她的水平,直接就想答应,毕竟宋侬看起来有手有脚……只要有手有脚,画画就一定比他和宋哲强。结果他还没来得及张嘴,宋侬的提议就被她哥打断了:"画什么画?你这个年纪学习为主知道不?我还没问你呢,期末考得怎么样?"

被问到成绩的宋侬沉默了,她默默低头吃生煎,其间为转移话题还让宋哲帮忙递了醋。

在宋哲的一再逼问下,宋侬到底还是选择了坦白:"你又不是不知道,这些年我数学就没好过。靠的全是题海战术,做过的就会,没做过的类型憋死也想不出答案,你爹还说要给我报一个补习班呢。"

"你不想去?"

"我倒是想去,可他最近太忙,把这事儿给忘了。"

宋远要上幼儿园了,家里俩大人每天都在实地调研该把儿子送到哪里去。宋侬提过一次补习班的事,老宋说让她自己去找。宋侬想着自己找到了合适的地方也得张嘴再管老宋要钱,瞬间有些下头,这事儿也就没再提过。

叶晨朗的睫毛颤了颤,他轻声提议:"要不,你帮我画原画,我帮你补数学?"

宋侬眨了眨眼。

"我高中那会儿成绩还可以,数学大概在140分左右。"

您这叫成绩还可以?

5

按照原计划,叶晨朗是要每天去张女士那里帮宋侬补习数学的,可这样他们两个都得起早出门,而且,张女士在做饭一事上的热情与她的厨艺水平成反比。连吃两日后,叶晨朗再也绷不住了,果断拉着宋侬转移阵地。

宋侬很能理解他的心情,毕竟她也接受不了每天吃烧煳了的茄子,然后还要被一遍又一遍追问好不好吃。没有更好的地方,叶晨朗就把地点定在了宋侬家楼下的咖啡厅里。后来她才知道,叶晨朗是用他的早起换来了她的方便。

对于补习这件事,宋侬表示既期待又害怕……

虽然叶晨朗懒懒散散没脾气,可给她讲数学的,就没有哪个能一直保持温柔和善的人设。宋依倒是不担心挨骂，她主要是担心在叶晨朗面前彻底暴露自己的智商。为此，宋依拉上了宋哲，并祈求道："哥，你什么都不用做，只要在他嫌弃我智商的时候帮我解释解释就行。我只是和数学这一科关系不怎么融洽，其他方面，我还挺聪明的。"

"他不会嫌弃你的。"宋哲信誓旦旦，"我们高中那会儿老师安排了一对一，就是成绩好的同学在闲暇时给排名靠后的同学讲讲题。当时分给叶晨朗的是我们班级的倒数第一，不到一个月，那个同学进步了将近二十名。"

"那个倒数第一的同学不会是个女生吧？"

这是什么甜蜜蜜的言情段子？所谓青春剧，不都是从学霸给学渣补课开始的吗？莫名的危机感萦绕在宋依心头，她只恨自己没有早生几年，去当叶晨朗班级的倒数第一。

宋哲淡淡道："那个倒数第一，是我。"

宋依："……"

她好像没有得到什么特别有用的信息，但她一下子找回了自信。遇到不会的题直接就问，叶晨朗探着身子过来，扫一眼便算出了答案。他讲题的样子很认真，没有废话没有多余的词汇，仿佛每一个字都是重点。可他说话的节奏又让宋依感觉很舒缓，只要认真听，瞬间就有恍然大悟的感觉。

偶尔走神的时候除外。

"在想什么？"发现她走神后的叶晨朗歪头问道，像是怕吓到她似的，声音听起来轻飘飘的。

宋依脱口而出："在想我们老宋家何德何能，竟然都麻烦你补过课。"

叶晨朗笑出声来："我也是有求于你的。"

"你好像对这个游戏很认真。"

"我对所有有意思的事情都很认真。"他拿过宋依的练习册，扫了一眼她做错了的所有类型题，然后笑道，"为什么觉得自己学不好数学呢？咱们第一次见面的时候，你不就在给朋友讲题吗？而且还在练习册给出错误答案的前提下算出了正确答案。"

宋依戳了戳手指："我只会做那些练习过好多次的题型，题干换个问法，我可能就不会做了。我觉得是我缺乏创造力，所以那些靠背就能拿高分的科目，我才比较擅长。"

"喜欢画画的人一般都很有创造力。"叶晨朗拿起宋依按照他的要求画的游戏人设概念图，发自肺腑地感到满意。

虽在外人眼里，叶晨朗应该是个理性的人。可他清楚，自己做事全凭喜好。只要是他喜欢的，哪怕没人理解也要去做。就像非要在老师留的作业里加上"寝室大逃脱"小游戏，他喜欢，他就做，倒也不在意什么对与错。作业展示的时候，全班哄堂大笑。相较于他辛苦设计的游戏本身，大家似乎对老师那张被他气到发绿的脸更感兴趣。有几位对他有些好感的女同学下课时围了过来，问他重做时需不需要帮助。那么简单的事情，当然不需要！他一一谢过她们的好意，然后又被老师抓去谈心："你和宋哲这次的作业不是不好，只是一个签到系统加这种东西，你觉得有意义吗?"

"没有。"

"那为什么还要加?"

"突然有了想法……"虽然没人理解,但他还是做了。

他的兴趣与努力除让老师生气和让同学们捧腹大笑外,似乎再没有别的意义。直到偶遇了宋依,她很认真地提出想要试试他研发的游戏。而且,她好像还挺喜欢的……

叶晨朗自认是个较真的人,先前给游戏人物设计原画时宋哲不是没凭借着他强大的社交能力去求了专业的美术生。可惜叶晨朗要求太多,把人通通劝退了。感谢宋依伸出援手,感谢宋依不厌其烦地修改,感谢宋依真的完美还原了他吹毛求疵的细节,感谢宋依笑容满是阳光,直接洒进了他的心底。

"以后要不要和我做校友?"叶晨朗发出邀请,并为让这句话不那么突兀补充道,"当然,还有宋哲。"

双一流的大学,是她想考就能考上的吗?

宋依低头看了一眼练习册,承诺道:"好啊,我会努力的。"

寒假即将结束时,宋依又收到一份来自叶晨朗的礼物。打开后,发现是他亲手整理的参考书。上面标记的重点都是宋依的弱项,除一年级上学期的内容外,下学期的知识点他也帮忙整理了出来。宋依一页一页翻下去,发现叶晨朗甚至预测了她可能会觉得学习困难的地方。

依靠那本宝典,宋依成绩突飞猛进。等到高二文理分科彻底舍弃理综后,年级排名又往前了不少。蒋兰兰拎着成绩单,带着哭腔问道:"依依,能不能把你的补习班介绍给我?"

"我没上补习班,我大概只能算是修炼了武功秘籍。"

宋依默默拿出叶晨朗设计的、世界上独一无二的参考书,预习、学习加复习,她对照着翻了足有千儿八百遍。她准备拿出"宝典"的样子很大方,可等蒋兰兰准备将册子接过去时,宋依却又快速将它收了回去:"等我复印一本给你!"

蒋兰兰眨了眨眼,以宋依现在这个"抠抠搜搜"的神态,她觉得哪怕明天收到一本《九阴真经》的复印件,自己也不会过于惊讶。她只是有些好奇,宋依到底是从哪儿搞到了那么一本手账似的东西。粉红色的封面,中间穿插贴着各种彩色便利贴。封面上的字写得不错,但那个也说不出是兔子还是猫的东西,画得格外抽象。以宋依过往的审美,肯定是要换个封面的。等第二天蒋兰兰收到宋依"武功秘籍"的复印件后,很是直白地问出了自己想了一整晚的问题:"这个封面设计……你不觉得特别抽象吗?"

"有吗?"宋依看了一眼封面上的Q版柯南,"我觉得画得还挺好看的,虽然线条简单,但是格外传神。"

蒋兰兰:完了,走火入魔了!

为向叶晨朗表达感谢,宋依准备趁他生日准备一份谢礼。她向宋哲询问叶晨朗的喜好,得到的回答却是:"你喜欢什么给他准备什么就行,反正他和你的喜好都差不多。"

宋依当然不信这个敷衍至极的回答,为此苦心思虑了好几日。最后猛然想起叶晨朗和自己说过的话,连夜在某橙色软件上下了单,并掐着日子让宋哲给叶晨朗带过去。

叶晨朗二十一岁生日,收到不少礼物。他虽然自认是个孤僻的人,可人缘却意外地好,男生这边大大咧咧地随便套了个袋子,女生们送的则裹上了各种精致的包装。他扫了一眼,特意找到宋依送的,然后将它第一个拆开。宋哲旁观吃瓜,想看妹妹精挑细选出了什么玩意儿。包装拆掉后,叶晨朗本人没什么反应,倒是正在喝水的宋哲将嘴里的水喷了个干净。

"她怎么会送你这个!"虽然被呛到了,但这并不耽误宋哲狂笑。

叶晨朗看了看手里的美羊羊,不自觉笑出了声。

他随口一句话,宋依竟然当真了。

宋哲凑过来:"你对这礼物很满意?"

叶晨朗点头。

"你什么时候开始喜欢美羊羊的?"

叶晨朗认真想了想,大概是现在。当初他忍痛割爱让出自己的手办,主要是自我脑补了一出无辜少女在后妈的摧残下摔碎了精神寄托的凄惨戏码。为了不让她有心理负担,就随口编了个"美羊羊"。他抬头看向宋哲:"我发现宋依比你聪明多了。"

"因为她发现了你喜欢美羊羊?"

"记得我给她整理的那本参考书吗?"叶晨朗一字一顿,"她认出了封面上我画的是柯南,你却猜是只兔子。"

宋哲:"你觉得你很幽默?"

大学入学第一天,宋依在校门口看到了叶晨朗。他向她打招呼,然后过来帮她搬行李:"你哥有些忙,让我过来接你。"

宋依点头。

他们在路上走了一分钟后,叶晨朗重新张了嘴:"宋哲其实没事,我是主动过来接你的。"

宋依停下,看向叶晨朗。

叶晨朗停下,看向宋依。

然后,他们同时张了嘴。再然后,同时闭上。

叶晨朗干咳一声:"你先说。"

"我就是想要谢谢你,如果不是你帮忙,我考不来这里。"

"你本来就聪明,我也没帮上什么。"他认真道,"我想在毕业设计里加上'社恐逃离人群'小游戏,原画就拜托你了。"

你就不怕不能顺利毕业吗?

叶晨朗继续道:"遇到什么不懂的问题可以来找我和宋哲,现在同校,很方便。"

"可你们已经要毕业了。"

"在准备考研。"

"啊,那你一定要好好考!"

宋依追上叶晨朗的步伐,她好像,终于离他近了一些。

雪落在你的眼睛上，你落在我的心底

*昨稼

告诉我，你是从什么时候开始喜欢我的？有个人说，如果我在太空里迷了路，他会去把我找回来。

❄ 1 ❄

路未漫背着羽毛球拍站在空旷寂静的体育馆里，感叹Z中不愧是重点高中，就连体育馆都建得足够气派。只可惜这个体育馆名存实亡，它虽然建得很完备，却没有一个人来发挥它的作用。

她站在空荡荡的球馆里，球馆安静得仿佛她叹息一声都能听到自己的回音。这一刻她开始深深后悔，后悔没有和好朋友们一起去一中，而是为了所谓升学虚荣心选择了挤满全市尖子生的Z中。这下好了，她谁也不认识，再也没人陪她玩了。

"你是来打球的吗？"

"啊！"

空无一人的场馆里传来一个陌生又低沉的声音，路未漫没有心理准备，着实被吓了一跳。她四下去找声音的来处，在不远处的观众席看到一个无聊地坐着的男生。

她深呼吸几下，努力平复她的心情，点点头说："嗯。这里怎么一个人都没有？"

男生站起来，路未漫感受到了他的身高。他迈开腿轻松跨过前面的座位，向她走来。他好像对她的说法有些不满，说："你这话说的，我难道是鬼吗？"

"我不是这个意思。就是，这么大个体育馆，怎么没人来玩呀？"路未漫觉得找球搭子这条路算是被堵死了。

"你觉得这儿的学生有几个会浪费时

间在学习之外的事情上?而且这儿又没有体育特长生,谁会来体育馆?"男生双手插兜,非常嘲讽地环视着这个偌大的空间。

失望很快爬上路未漫的脸庞,她看着崭新到几乎没有人踩过的羽毛球场,眼睛里升起一层薄雾。她原本还对这个学校充满期待的,现在什么期待都没有了。

男生看着她伸出手:"要玩吗?"

路未漫抬眼看着他,眼眸瞬间变得晴朗起来:"你要玩吗?"

她似乎害怕他下一秒就反悔了,赶紧从背包里面拿出一个球拍递到他手上。

男生接过球拍:"自我介绍一下,我叫尚波恒,黎明尚远,波涛永恒。"

"你好,我叫路未漫,就是路漫漫其修远兮那个路未漫。"

她眼睛亮晶晶地看着他,脸上也升起了红晕,满是感激地看着他。

尚波恒有些不好意思起来,他挠挠头说:"其实我从来没有打过羽毛球。"

路未漫毫不介意并且非常轻快地说:"没关系的,很简单的,你肯定一打就会。"

路未漫简单跟尚波恒介绍了一下基本规则后,两人就开始热身,然后进入打球的状态。但路未漫低估了尚波恒所说的他从没有打过羽毛球,那么高的一个大男孩站在网前半天发不出一个球,急得脸都红了。最后两个人对打失败,变成了路未漫教他发球,并给他喂球让他熟悉接球。

尽管没能尽兴地打一场,但有人陪她玩,路未漫已经非常开心了。她把球拍收进包里,然后很开心地仰头看着他说:"尚波恒,今天真的谢谢你了。"

尚波恒觉得自己今天丢脸丢大了,他站在网前比球网都要高出半截,却连个球都接不住。

"路未漫,你等我回去练练,下次我们好好打一场。"

她听到还有下次,眼睛里马上冒出好多小星星,忙不迭地点头:"好呀好呀。"

❄ 2 ❄

路未漫在活动课下课前回到了教室,教室里十分安静,每一个人都沉浸在题海里,没有人关心她是要进来还是要出去。她尽量减轻自己的动作回到自己的座位上,她刚坐好一抬头就看到尚波恒大大方方地走了进来。

他们居然是一个班的?

路未漫急忙从书里翻出班级名单来,从最上面找到最下面,这个班里有56个人,她排在第55个,而她下面那个名字正是"尚波恒"。呵,他们还真是有缘,倒数第一和倒数第二。

她回头去看他,尚波恒也正好看向她,两人对视一眼,像是找到了沦落在天涯的同命人。

这所重点高中汇集了全市各校的所有尖子生,因此以前各初中学校的尖子生在这里并没有什么特别之处。尚波恒在初中时常位列年级前三,来到这儿却排在了班里的倒数第一,他可以接受这个事实,但到底一时难以消化这种落差,于是他跑到没有人会去的体育馆说服自己,但没想到很快她推开门走了进来。

她望着偌大的体育馆眼里满是失望,

脸上满是失落，他第一次在这个学校遇到和自己有着同样心情的人。他不会打羽毛球，但他想做点什么，做点什么都好，不然他怕自己会在这里疯掉。

他对路未漫这个名字记得很清楚，这三个字就排在他的名字上面，每一次他在看自己的名字之前都会先看到她的，只是他一直不知道名字的主人是谁，因为她在班里实在没有存在感。但站在球场上的她完全不同。

球场上的路未漫眼睛里散发着热烈的光芒，周身散发出勃勃的生命力，她脸上不经意的微笑让他感到愉悦。她真是一个神奇的女孩子。

尚波恒拿出班级名单，用红笔把"路未漫"和"尚波恒"圈在了一起。

 3

第二天活动课尚波恒叫路未漫去打球，在这所重点高中活动课默认是自习课，没有人会真的出去活动，直到尚波恒和路未漫站出来为它正名。

尚波恒恶补了一些关于羽毛球的知识点，也找了很多视频来看，掌握了一些打羽毛球的技巧。但总归是新手入门，还需要路未漫配合他。

不过他的进步还是惊讶到了路未漫，她惊喜地看着他说："可以呀尚波恒，你一夜之间进步神速呀。"

尚波恒得意："谁说练球必须动手打？咱动脑子是一样的。"

他们慢慢可以开始对打了，路未漫对此感到无比兴奋，终于又有人可以陪她玩羽毛球了。如果在这里不能打羽毛球，那她的生活将一点意思都没有。她并不希望自己的生活里只有上课和做题，她想感受到自己剧烈的心跳和沉重的呼吸，她想感受到自己是活着的。她是一个鲜活的人，而不是一个只会做题的冰冷机器。

没过几天尚波恒就开始嘚瑟，他可以凭着自己的力气打出高远球了，偶尔路未漫对他的球也无可奈何。他觉得自己的实力可以与路未漫相抗衡了，于是提出了要和她比赛，路未漫正求之不得。

他说："路未漫，这么打没意思，我们来比赛吧。"

路未漫的眼睛里亮起小星星："你说，我们怎么比。"

尚波恒深思熟虑了下，觉得自己的主意很不错，说："这样，我们按照羽毛球的正常比赛规则来定输赢，输的人呢惩罚做练习册和试卷，输一个球做一页练习册，或者两个球一张试卷，这么来算，一周清算一次练习册和试卷，绝对不许拖欠，如果有谁拖欠我们就推迟打球，怎么样？"

"好啊，比就比，谁怕谁。"路未漫才不怕他，反而对他的提议感到兴奋无比。

 4

尚波恒确实可以单凭自己的力气挥拍，偶尔还能打出几个让路未漫惊讶的好球，但毕竟他打球的技术还十分不成熟，实战经验又少，于是总是被路未漫调来调去满场跑，最后比分也不算好看。

比分差距过大的时候，路未漫也会仁慈地放水，让他少输几个球，免得他做不完那些练习册和试卷导致她不能打球玩。

"尚同学,你这能力有待快速提高呀。你这周的题目能不能准时做完呀?要不我们明天先不打了?"

他们收起球拍,要在活动课下课前赶回教室。尚波恒咕嘟嘟大口喝着水,听着路未漫的打趣。

他的呼吸还没平复,喘着气问她:"路未漫,你看上去瘦瘦小小的,怎么打羽毛球这么厉害?"

"我只是平时打得多了而已,等你练多了肯定比我厉害多了。再说了,我看起来瘦小也只是和你比起来吧,我在女生中间根本不算瘦小呀。"

尚波恒都没有发现自己对路未漫充满了兴趣,总是不经意地问她一些小问题。

"你初中的时候每天都打球吗?"

"每天都打呀。所以来到这儿,活动课的时候没有人出来玩,没有人打球我一点都不适应。刚开始我还想转学走呢,毕竟从重点转普高也好转,我那些好朋友们也都在普高。"

"你现在不是有我吗?我陪你打!"听到她说考虑过转学离开,尚波恒不知道为什么眼前一黑,她这个想法太可怕了。

"嗯,就是后来有你陪我打了,我就打消了转学的念头。"路未漫非常认真地说。

"嗯,以后我都陪你打球。"尚波恒默默承诺着。

❄ **5** ❄

比赛第一周尚波恒输得很惨,周末在家赶了整整两天的练习册和试卷,周一顶着一双熊猫眼到学校的时候,吓了同桌一大跳。

"兄弟,你昨晚熬通宵打游戏了?"

尚波恒把从书包里掏出来的练习册和试卷放到一边:"打什么游戏,我好好学习了!"

同桌拍拍他的肩膀:"兄弟,精神可嘉啊,我相信你很快就能摆脱倒数第一的。"

路未漫从他进教室就一直在观察他的状态,他上周输得确实不少,而且还是在她放水的情况下。她有点心疼他,又害怕他会放弃跟她打球,各种心思在她的心底千回百转地纠缠着。

课间去厕所回来的路上她和尚波恒遇到,她问他:"尚波恒,我们还要继续比吗?"

尚波恒不解地看着她,嘴里说着:"比呀,为什么不比?我输的那些都写完了,你没看吗?"

看了,她看了,还顺便给他改了几道错题。其实路未漫本想说他们只要快快乐乐地打打球就好了,别把自己搞得那么累,但尚波恒下面的话让她彻底打消了说这些话的念头。

因为他说:"路未漫,放心吧,你很快也能体验到熬夜做题的快乐了。"

尚波恒赤裸裸的挑衅激起了路未漫的斗志:"好啊,尚波恒,你尽管放马过来。"

❄ **6** ❄

尚波恒成长得很快,他总是能在第二天就很好地调整自己的技术和打球策略,搞得路未漫不想认真对待和他的比赛都不行了。

渐渐地路未漫不能单方面压制他了,她的课桌上也和他一样堆起了练习册和试卷。从此，他们两个除了去打球的时间，剩下的时间都在赶各自输掉的那些题，但他们同时因为需要把一些试题提前做完而预习了不少新内容，所以听课的时候越来越轻松，很多老师留的作业他们也都提前完成了。

尚波恒提出的这场比赛在无形中让他们在各方面都有了很大的进步。冬天来到的那天他们进行了期中考试，即便是期中考试那两天他们也没有放弃去体育馆打球。

成绩出来的时候尚波恒有点不高兴，不是因为路未漫比他多考了两名，而是因为他们的名字中间隔了两个不相干的人，如果想要圈起他们两个人的名字，就得绕过旁人。期中成绩名单上路未漫排名42，尚波恒排名45。他们的成绩有了明显的进步，于是他们就更心安理得地在活动课上去打球了。

这天他们从体育馆出来的时候外面下起了雪，长长的楼梯上已经铺上了厚厚的一层。

路未漫惊喜地回头喊尚波恒："尚波恒，下雪了！"

他关上门向她走来："路未漫同学，你是没见过雪吗？"

"一年没见过了呢。"

她激动地一路跑下去，被尚波恒一把拉回来："慢点，摔倒了你可就要像个球一样滚下去了。"

他一手拿着球拍，一手抓着她的胳膊。路未漫伸出手去接雪花，雪花落在她粉红色的手套上久久不化。

"尚波恒，你看，小冰凌。"然后她哈一口气，雪花就消失了。

刚走下楼梯，路未漫就冲进了雪里。她跑着在雪里留下她的脚印，然后仰起头让雪花落在她的脸上，她的鼻尖红红的，她闭上眼睛，雪花落在她的睫毛上。

尚波恒站在那里，雪安静地落在他身上，而他安静地看着快乐的路未漫。他抬手摸了摸自己的左胸口，他感觉那里有什么东西在疯狂滋长。

❄ 7 ❄

和路未漫一起打球的日子很快乐，以至于这个学期过得很快，期末结束，寒假到来，尚波恒不能每天见到路未漫了。

春节刚过两天，尚波恒和朋友出去玩的时候在路上偶遇到了路未漫。她背着一个大大的羽毛球包，和两个女生一个男生有说有笑地往哪里走去。

路未漫和三个好朋友到球馆打球，心情很是不错。

"他进步挺快的。"他们提起尚波恒。

一个女生故意撞了一下路未漫，一副发现情况的表情看着她："漫漫，那个男生这么坚持着被你狂虐，是不是对你有意思呀？"

路未漫一脸无奈地看着他们："你们能不能别一副男生和女生只要碰个肩或者说个话就一定有什么故事的样子，思想觉悟怎么都这么差！"

"我们思想觉悟差，重点的男生就不一样了，能每天放弃活动课的学习时间，不离不弃地陪你打球。哎哟，看来我们几个的地位在漫漫这儿可要下降喽。"

"哈哈哈……"

四个人说说笑笑地开始双打，路未漫和一个女生一队，对面是一男一女混双。他们看似开始得很柔和，但实际上对战激烈。路未漫负责中后场，尚波恒第一次对她的反应能力和杀球能力有了直观的了解。

他从第一次见她就知道站在球场上的她和坐在教室里的她完全就是两个人，但他还从来没有在学校的体育馆里见过如此开心的路未漫。她在球场上跑得很快，脸上也一直挂着笑容，时不时还会指着对面说"你们两个太阴险会遭报应的哈"，她真的很快乐很快乐。尚波恒只是在一边站着看着她就被她的快乐感染了。

路未漫和队友击掌庆祝，队友拉着她的手说："漫漫，我们没有你少了一半的快乐，要不你还是转来一中找我们吧，反正你在Z中也没什么意思。"

路未漫的大脑处于高度兴奋中，对队友的话完全没有任何思考，只是下意识地应答着："好啊。"

"路未漫！"尚波恒清楚地听到了她的"好啊"，脸瞬间一沉。她是不是已经忘了，他答应过她，会一直陪她打球。

路未漫听到尚波恒响亮的声音，还带着些微的恼怒。她转头就看到一脸不悦的尚波恒。

"尚波恒？你怎么在这儿？"她向他小跑过去，"你也是来打球的吗？"但她从上到下看了一遍他的装备后，发现他并不是来打球的。

他生气地看着她："路未漫，你不是说过……"

"漫漫，这位不会就是你那个搭档吧。"三个人看到一个帅哥找路未漫，很快围了过来。

"我介绍一下，他就是尚波恒。"

她说"他就是尚波恒"，只说了名字，其他什么都没有说，是不是意味着她早就跟他们提起过他了？

"这三个是我最好的朋友，我们从小学就开始一起打羽毛球的，小语、小谅和小昆。"

"嗨，兄弟，漫漫说你打球进步很大，我们来打一场呀。"小昆上来就跟尚波恒勾肩搭背，好像跟他很熟悉了一样。

路未漫拦不住他们，又不想让尚波恒在他们面前太丢人，一番争论下决定打混双。路未漫和尚波恒一队，小语和小昆一队。

尚波恒还没打过双打，路未漫在网前挥着拍子警告对面迫不及待的两个人："下手轻点啊。"

还好路未漫的朋友和她一样善良，整个过程给足了尚波恒面子，他们的对打还没有他们之前打得激烈。

收拍时小昆过来跟尚波恒说话，并向他伸出友谊之手，说："兄弟，谢谢你在学校照顾我们漫漫啊，我们漫漫一个人在Z中我们一直都很不放心。"

尚波恒看了看他伸出的手，说："我照顾她是我跟她之间的事，不需要旁人说谢谢。"然后他才握住小昆的手说："不过今天很开心能遇到你们。"

小昆很惊喜地看着尚波恒，用非常赏识他的语气说："嘿，兄弟，不愧是能跟我们漫漫玩到一起的人，这么有个性。跟我们漫漫绝配！"他还给他竖个大拇指。

尚波恒本来因为小昆一直说"我们漫漫"挺不高兴的，但他又说他们绝配，尚波恒又觉得挺开心的。他们不愧是路未漫的朋友，跟路未漫一样，总能一句话就让他心情变得很复杂。

分开的时候路未漫小心翼翼地说："他们没吓到你吧？"

尚波恒心情挺不错的："多大点事儿。"

"他们本来也很想和你一起吃个饭的，但我们晚上有同学聚会。"路未漫有点为难又觉得可惜地说。

"没关系，下次约好，我请他们。"他拍拍她的头顶，安抚她。

"哦……"旁边的三个人惊呼着抱作一团："好羡慕哟……"

"那学校见。"路未漫一边跟尚波恒挥着手，一边把三个人赶上公交车。

"好，学校见。"

8

开学路未漫和尚波恒要面对一件大事，就是选科分班。

这天尚波恒打得心不在焉，路未漫知道他在想什么，于是收起球站在网前看着他。尚波恒被她看得投降，支支吾吾地问她："你要选什么？"

路未漫毫不犹豫地跟他说："我要选纯理。"

尚波恒委实意外，女生一般很少理化生同时选的，就问："为什么呀？"

"因为学好数理化，走遍天下都不怕呀。"

尚波恒看着她，一副我听你继续编的表情。路未漫才十分认真地说："因为我这辈子的梦想就是去太空看看地球的模样，现在我们的空间站已经非常成熟了，航天员们也一直在天上住着，我的这个梦想应该也不算很遥远吧？"

路未漫认真想了下，对他说："其实，你不用在意我的选择的，不在一个班我们也可以每天一起打球呀。"

尚波恒很快反驳她说："那怎么行？要是你以后去太空里迷路了，我不得去把你找回来呀？"

分班那天学校里热闹得不行，尚波恒去纯理班探好路后，两个人就把他们的桌子搬了过去。纯理班的同学都是从其他班搬来的，位置并不固定，他们两个便选了一个靠墙的边角做了同桌。

排名单发下来，路未漫的名字又和尚波恒的挨到了一起。敢于选择纯理班的同学本来就是重点的各路大神们，于是他们又十分华丽地回到了班里倒数第二和倒数第一的位置。他们两个对视一笑，然后在活动课背上球拍去打球了。

9

期中还没到，路未漫和尚波恒就已经把手里的试卷练习册做得差不多了，现在路未漫已经不敢轻易给尚波恒让球了，他们俩输掉的卷子半斤八两，谁做得也不少。

周末他们两个约好一起去书店买试题，从书店出来的时候他们迎面遇到一个长得很漂亮的女孩子。路未漫以为只是偶遇，直到女生叫出尚波恒的名字。

"尚波恒，我们聊一下。"

女孩长相秀气，不长的头发半扎着，

几根碎发搭在额前。她穿着一条鹅黄色的连衣裙，气质温婉又大气，看着尚波恒的时候温柔又笃定。

路未漫看到她才忽然发现，原来春天已经来了呀。她看看尚波恒，说："我先走了，明天学校见。"

尚波恒拉了下她的胳膊，说："我很快，你在前面等我一下。"

路未漫抽回自己的胳膊，笑着说："明天学校见吧。"

路未漫不知道为什么自己的心情会在见到那个女孩后一落千丈，她长得真的很漂亮，作为一个女生都非常欣赏她。可是她不喜欢那个女孩站在尚波恒的身旁，用热切和克制的目光看着他。一点都不喜欢。

路未漫还不知道，她的心底在这个春天，有什么东西发了芽。

尚波恒在公交车关门的最后一刻冲了上来，他扫了码，然后一屁股坐到路未漫的旁边。

"我不是说了让你等我一下嘛，你跑那么快干什么？"

"这是我回家的车？你是要去哪儿？"路未漫一个人默默赌气。

"那我就把你送回家再回去呗。"然后他假装不是在解释，"那是我们初中学委，她初中就挺负责的，今天遇到了就顺便问问我的学习状态。"

随后两人再无对话。

❄ 10 ❄

很快学校里就开始传他们两个在一起了，路未漫亲耳听到过同学的议论，说他们两个人每天都去没人去的体育馆里，孤男寡女，没有旁人在，谁知道会发生什么。路未漫就当是耳边刮过一阵冷风，他们说完，她也只当没听到。

关于他们两个在学校一起进进出出的故事传出了不少版本，说得比那些尖子生写的作文还要生动有故事感得多。路未漫和尚波恒从来没有站出来特别澄清过什么，依然按照他们自己的学习节奏生活着，上课，打球，疯狂赶输掉的试卷。他们实在没有精力去在意别人的目光。

这天刚下课，尚波恒和路未漫就出门准备去体育馆，正好遇到有事来教室的班主任。班主任看他们一眼，似是没忍住说了句："你们两个也注意点。"

路未漫和尚波恒不解地对视一眼，然后路未漫在尚波恒目光的提醒下赶忙穿上校服外套。

"抱歉老师，我不是故意的。"

班主任叹口气："唉，我不是说这个。"

但因为他们两个人的成绩一直在肉眼可见地稳定进步着，班主任也不好说他们什么，挥挥手，说："行，你们早去早回吧。"

"那老师再见。"尚波恒跟班主任挥挥手，还跟路未漫笑他奇奇怪怪的。

不知道过了多长时间再没有提起过关于他们早恋在一起了的话题，但越来越多的人知道了他们的名字。因为他们的名字已经从一眼看不到的位置，逐渐上升到了让大家不得不注意的位置。

高三上学期结课考试，成绩公布的时候路未漫和尚波恒正在体育馆打球。教室里也并不像平时那样安静得只剩下翻卷子的声音，所有人都在讨论他们两个。曾经的倒数第一和倒数第二，此刻名字依旧挨着，但已经是正数的第一和第二名。

终于，时间为两年多来"不务正业"的他们两个正了名。

❄ 11 ❄

高考前尚波恒约路未漫去天文馆玩。

"我们先感受一下等你去太空了，我留在地球，会是什么感觉。"尚波恒把她送进模拟空间站里，然后他快步跑下去，站在地球所在的位置上向她挥手。

路未漫从并不遥远的空间站里看着站在蔚蓝的星球上不停地笑着向她招手的尚波恒，她忽然就落泪了。

以前，有很多时候她都觉得一直待在地球上太无聊了，他们的生活里除了学习就是成绩单，一点意思都没有。所以她一直想离开地球，去太空里看看无垠的宇宙，看看位于宇宙之中的地球究竟是什么样子的。

可现在她忽然觉得，留在地球上好像也挺好的。

"怎么样？等你以后去太空了，我就像刚才那样每天都跟你招手。不行，到时候我得弄一个超级巨大的红旗，能盖过半个地球那样的，要不然……"尚波恒还在兴奋地说着什么。

路未漫突然打断他："那个时候，你初中学委来找你，并不是简单来关心你的学习状态的吧？"

路未漫不知道为什么，这个问题在她的心底像一根刺一样扎了很久。后来她在学校见过她很多次，她长得很漂亮，成绩还很好，偶尔会在中午吃饭的时候假装偶遇尚波恒，女孩子怎么会不懂女孩子的心思呢。她喜欢尚波恒，而且一直喜欢着。

"嗯。"尚波恒坦然承认。

"那她都跟你说了什么？"

"她问我们是不是在一起了。她说经常看到我们一起去打球，同学之间还有很多关于我们的乱七八糟的传闻什么的。"

"那你怎么回答她的？"路未漫忽然紧张起来，连呼吸都变得小心翼翼。

说起来尚波恒还很生气，他瞪她一眼，"那会儿你不是跑了吗？你没告诉我答案，我怎么告诉她？"

路未漫心底的紧张瞬间化作一缕春风爬上眉梢，她笑着说："可是后来你也没有问过我这个问题呀。"

尚波恒心一横，说："那你要跟我在一起吗？"

❄ 12 ❄

Z中那年高考成绩依旧很好，升学率再创历史新高。学校门口巨大的屏幕上24小时不间断地滚动播放着优秀毕业生的名单和照片。

在众多学生照片之中，路未漫和尚波恒的照片并列出现，并且只有他们两个的不是标准的证件照，而是两张打羽毛球的剪影，下面的录取学校写着某航空航天大学。

这一天所有人都知道了路未漫的答案。

"路未漫，告诉我，你是从什么时候开始喜欢我的？"

"有个人说，如果我在太空里迷了路，他会去把我找回来。"

以你为名的夏天

你一定要喜欢那个因为喜欢着他而发光的自己。

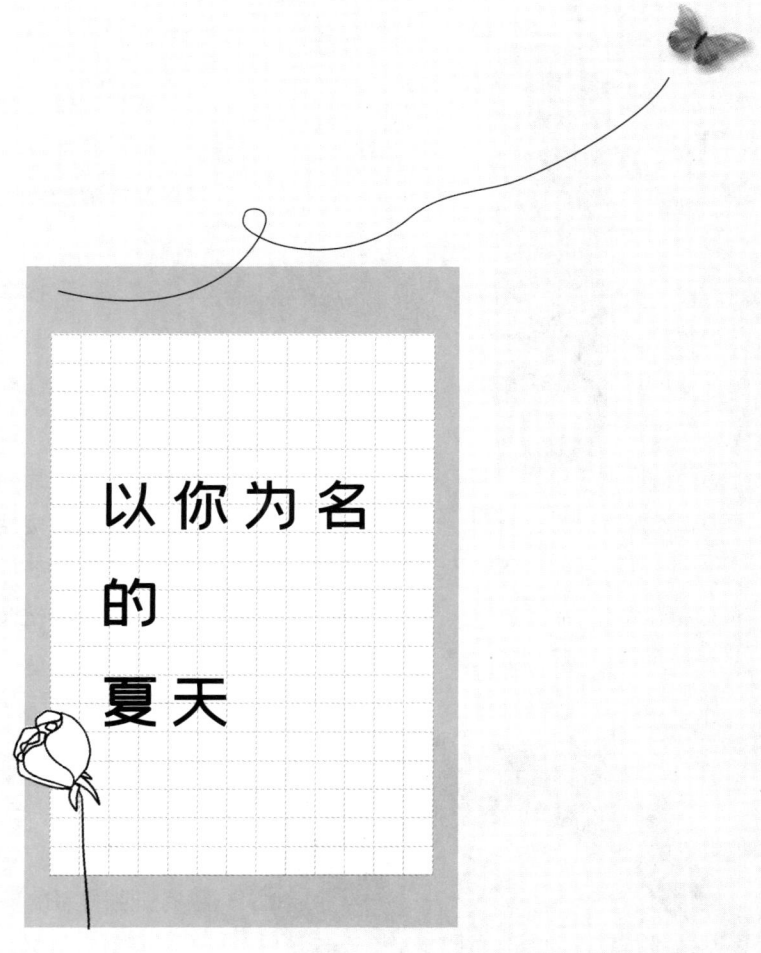

星星不闪包退换

＊檐萧

还好，你愿意在迂回之中，再一次，奔向我。

1

清早，拥挤的地铁车厢。

凌星站在两节车厢的连接处，一路晃晃悠悠地看着手机。突然，屏幕上跳出来一条讯息。

——隔空投送，"Lin"想要共享一张照片。

陌生人要给她发图片？

凌星手指一顿，碍于身边朋友有接收到乱七八糟图片的经历，以往收到这种提示，她都会直接拒绝，但这次看着对方简约的称呼迟疑了两秒，好奇地按下了接受。

广告？表情包？或是搞笑图片？

凌星脑海里一瞬间闪过无数猜测，然而下一秒，入眼的却是一张小猫咪仰躺在地板上歪头卖萌的照片。照片上另附着一行字：可爱吗？我拍的。

确实可爱，但这炫耀的语气……谁还没存几张好看的猫猫照片呢？

凌星一边笑，一边从相册里找出一张在学校流浪猫里公认颜值最高的大橘的照片，顺手加上一句：想不到吧，我也有猫。

然后找到对方的设备名字，点击传送。

地铁到站后短暂停顿，一阵人潮涌动过后，很快又重新启动。车厢的空间富裕了一些，凌星转到门侧的拐角，一低头，发现又收到了新的讯息提示。

配图还是刚才那只猫，被捕捉时正高高跳起，嘴巴张大，嗷呜着露出尖尖的两

颗虎牙。图片上边三个黑色大字"超凶的"，下边一行白色小字：既然美貌不差上下，那来 PK 一下武力值吧。

同一只猫，两张图是两种截然不同的状态。凌星对着屏幕笑出声，去翻了翻存图，最后附上一张大橘耍赖地抱着她的裤脚劈叉的图发了过去。

清早，在地铁上，两人就这样一来一往，几个回合下来，对方率先败下阵来，丢过来线条歪歪扭扭画就的两条鱼。

凌星迅速把鱼干涂抹掉，添上两笔画成了骨架，说："吃光啦。"

她听到广播在报站，惊觉时间过得太快，不太确定地抬头看了一眼线路图，却意外和人群中一位陌生男生视线相撞。

视线一触即分，她发现下一站果然就是学校，随后收起手机，往门口移动。

后来，凌星站到扶梯上，听到地铁轰鸣而过，后知后觉地打开手机，发现已经搜不到刚刚对过话的那个设备名字。

忘记说再见了。

凌星莫名又想起刚才对视的男生，裸露在外的一双眼睛似乎在笑着，衬衫宽松，显得肩膀平平的，有股干净的少年气。

是你吗？

凌星偶尔早上有课才会坐地铁，一周大概也就两三天。但翌日清早，她又见到了昨天穿衬衫的那个男生。

他今天换了一件长袖的白色上衣，搭配一条浅色休闲裤，看起来多了几分懒散的气息。他就站在同一车厢相似的位置，根本不需她刻意寻找，只一抬头就能看到。

她打开手机，想看看 AirDrop 列表有没有眼熟的设备名字出现，但下一秒，屏幕突然跳出来一条熟悉的讯息——"Lin"想要共享一张照片。

对方……想要跟她建立联系吗？一次是偶然，再多几次就会变得全然不同。

凌星盯着屏幕想了几秒，按下拒绝。但很快，对方的名字再次出现在屏幕上。

本来就不坚定的意志只得妥协。好在这次不是可爱的猫咪表情包，而是类似专辑封面的一张图。她按照图上写的名字搜到一首歌，末了，再次抬头看向斜对面。

他在看手机没错，但这依旧证明不了什么，因为他旁边，她的旁边，满车厢的大部分人都在看手机。

而且，凌星有理由怀疑，自己的无端猜测很大一部分是因为他长得好看。

这座城市有那么多的人，同时段乘车的人重叠一部分也没有什么稀奇，她只注意到了他，所以才会看到他。

如果是跟他建立长久的联系……

凌星一边听着陌生人分享的歌，一边漫无边际地胡思乱想着。

人潮涌动时，她猛然察觉到什么，匆匆忙忙奔向门口，却还是迟了两秒。她坐过了站。下一次停站的时候凌星下车，悻悻地准备去对面排队，但突然间，她看到了拾级而上的衬衫男生。

原来他是在这里下车。

反正他们学校在两站之间，不过多走几步路。这样一想，凌星转瞬放弃了排队，然后看着前方的身影想：不是我要跟着你，而是我们刚好同路。

他们走同一个出口，又途经同一段路，

到了岔路口,他拐向另一边。

凌星没有停顿,仍旧径自往前,这一带不止她们一所学校,他拐过去的那边也是学校,所以他大概率也是学生,而不是在附近工作的人。凌星也不知道她为什么要在意这些,但莫名有点开心。

课间,凌星把昨天的经历跟好友周周分享。最后意犹未尽道:"猫猫很可爱,字里行间能感觉到它的主人也很可爱,就是不知道是不是我见到的那个男生。"

周周却表示深深怀疑:"这么可爱会是男孩子吗?有没有可能是个甜妹?"

"嗯?"新思路让凌星一愣,她下意识以为对方是男生,完全没想过其他可能。

"感觉只有女孩子才会有这种奇奇怪怪,有点无聊但又莫名浪漫的行为。"周周看向她说道。

凌星仔细回想了一下,没记起任何细节,只是突然觉得这个问题的答案似乎也没有那么重要。反倒是想认识衬衫男生的念头,在一众猜测里脱颖而出。

是他最好,如果不是,下次见到他,她冲过去要个联系方式总归可以吧?

想象归想象。

再次于清早赶地铁,凌星一路上都在做心理建设,但在车厢真的见到他,隐隐雀跃的同时,又忍不住开始打退堂鼓。

两人隔着不远不近的距离,他表情淡漠地看着手机,看起来不像是很好接近的样子。而且周围那么多人,她煞有介事地挤到他旁边,未免太引人注目了。

要不,下一次?

下一次吧。凌星迅速摆脱迟疑,而后默默松了一口气,心里计划着,要不下次先挪到他附近好了。

天气阴了又晴。下一次又下一次。

周五那天,她几乎就要冲过去的时候,对方突然疑惑地朝她看了过来。她以为自己明目张胆的目光被发现,瞬间泄气。

紧接着,他就不见了。

之后一天、两天,近两周的时间,满车厢里都看不到他的身影。而且,这期间,连同给凌星隔空投送分享图片的那个设备名字,也跟着他一起消失了。

不知道他的名字,无法准确形容他的样子,连他是不是在隔壁的学校读书,或是念什么专业都不知道,如果他就此消失,她大概很难再见到他。如果当时厚着脸皮冲过去就好了。

因为这个认知,凌星陷入了一种微妙的情绪当中。

明明没什么交集,却又觉得怅然若失。

之后,一连几日的晴朗,将气温一举推向三十六度。

下课之后,太阳依旧高悬在天际,凌星看着窗外肆无忌惮的日光,跟周周一起躲去图书馆,直到晚上八点多才动身回家。

凌星迈着台阶向下时,遇到几个准备出站的乘客由下往上走来,她探头,发现地下正停着一班地铁,似乎刚好是她回家的方向。

被地铁感应门快关上了的念头驱使着,凌星加快脚步,噔噔噔跑下台阶,一阵风一样冲进了车厢。

"嘀嘀嘀——"关门声随后响起,凌星看着被她冲进来的速度逼退两步的身影眨了眨眼,嘴角开始抑制不住地往上翘。

好巧啊,又遇到了。

晚高峰的车厢比早上空荡一些,没到摩肩接踵的地步,但也没有更多的空余,他就站在她的对面,隔着不到半米的距离,给了她一种刚刚好可以抓住的错觉。

于是,凌星目光灼灼地看向他,没有先打招呼,也没有客套,只没头没尾地突然问:"你后天早上还坐这趟地铁吗?"

男生愣了一下,然后垂眸看向她,确认了一下才缓缓说:"后天早上?会。"

"哦,那后天见。"凌星说。

"好。"

凌星闻言突然沉默下来,觉得这对话不太对劲,但这样是不是说明,他也有注意到她?

"你……"认识我吗?

她莫名停顿,觉得在他的注视下讲完这个问题有些艰难,于是生硬地转了个弯,"你是F大的学生吗?"

他突然笑了一下,说:"不是,我跟你一样,是A大的。"

凌星"啊"了一声,忍不住想,跟她同校,他果然是认识她的吧。

顿了顿,凌星从相册翻出一张小猫咪躺在地板上卖萌的图片,然后举起屏幕,自觉得寸进尺地问:"你认识这只猫吗?"

他一时没说话,片刻后,抿着唇笑了一下,而后说:"认识,我拍的。"

几乎等于他承认了他是给她隔空投送分享图片的人。

"哦,挺可爱的。"凌星说。

有沉默蔓延。过了两秒,凌星不好意思地转过身,将背影对着他,却在偷笑着抬起头的瞬间,从玻璃门上看到了他,正歪着头,和玻璃上映出的她对视。

她看着他们重叠的部分身影,感觉好像跟他分享了几秒心跳,一下、两下。

奇奇怪怪的对话,奇奇怪怪的联系。

地铁驶到了新的站台,白炽灯将玻璃门上的身影抹去,也将凌星那副蠢样一并吞没,她庆幸地松了一口气,没勇气再回头跟他道别,只好仓促地挥了下手,也不管他看没看见,等地铁门一打开,便像来时一样飞快跑开。

3

次日,一整天,凌星有条不紊地上课、看书。但空下来的每个时刻都隐隐察觉时间流逝的速度变得无比缓慢。

她数不清第几次反问自己,为什么要约明早?今天是有什么大事发生吗?

"你叹什么气?"周周突然问。

凌星回神,随口答了句"犯困",从一旁摊开的书上拿过手机,翻了两下,忽然"咦"了一声。

对上周周疑惑的目光,凌星将手机翻转,给她看了两眼。

屏幕上出现了一排各种各样的称呼,那个简约的Lin也在其中。

两人迅速用眼神交流了一个回合——"是我想到的那个他吗?""对对对。"

周周一边打量四周,一边小声地兴奋地问:"哪个?是哪个?在哪儿呢?"

这个时段，图书馆里的同学不少，凌星小心翼翼地张望片刻，然后在周周期待的目光中摇了摇头："没看到。"

奇怪，她明明搜到了疑似他的设备信号，却找不到他人。

"要不，你发个消息问问？"周周试探道。她对这个神秘角色充满了怀疑和好奇——依旧怀疑他性别的同时，也好奇什么样的五官做可爱的事情不违和。

凌星想了想，把昨日新拍的在树枝后面躲猫猫的大橘拉出来，加上一行"你藏到哪里啦"，给他发了过去。

图书馆的一个隐蔽角落，同坐一桌的几个人忽然鬼鬼祟祟地激动起来。

Lin："加我好友我就告诉你。"

凌星皱眉，有种说不出来的不太对劲，她又往四周看了两眼，但还是没有收获，于是她截屏自己的微信二维码发了过去，又加上一句："长得好看的人才能被通过。"

过了半分钟，Lin发过来一张耷着头发的简笔画，说："洗了头就能变好看。"

怎么还不说要过来找她？

凌星思索时，周周暗暗观察许久，忽然伸手戳了戳她的手臂，示意她看向斜后方的书架旁，问："认识吗？刚刚好像一直在看你。"

凌星顺势看过去，发现是两个陌生男同学，她茫然地摇了摇头："你看错了吧。"

"那他呢？"周周话题一转，又问。

这个没有具体称谓的他，在两人谈话期间，特指"Lin"。

凌星低头，看了眼手机："他没洗头，不好意思过来。"

"……嗯？"

"我瞎说的，可能有事在忙。"

凌星丢开手机，准备开始复习。两分钟后，余光瞥到桌前有人停顿，她不明所以地抬头，然后就看到了一道熟悉的身影。

他穿着那件眼熟的白衬衫，神情没往日那么冷淡，站在桌边反而有种安静谦逊的气息。他浅笑道："你在。"

刚刚生出的一点点不快好像突然消失得无影无踪了。

凌星笑眯眯地看着他离开，一抬头，对上周周看戏似的目光。

"是他吗？"周周问。见凌星点头，她无奈地摇了摇头，道："他是数理学院的大神林濯啊，你之前没有见过他吗？"

凌星愣怔片刻，摇了摇头。

谜底终于揭晓，却出人意料，周周叹了口气，突然想到了什么，说："可……他好像有喜欢的人。"

见凌星满脸意外，她又连忙安慰："也有可能是我听错了，我帮你打听打听。"

凌星迟疑地点点头，又看了一眼手机，发现依旧没有新的好友申请，她特意去设置里查看了一番，结果显示二维码添加好友的渠道并没有被关闭。

大概是，网络不好？

时间一分一秒流逝，凌星再想不到其他理由来解释他为什么没有出现在微信好友列表，思绪像被无形的网困住了一样，只能在有限的范围内挣扎。

她不是斤斤计较的人，但某个瞬间，

突然负气地想，不如就停在这里，明日不要赴约，以后也不要再跟他联系。

这个念头其实在她第二次收到隔空投送的图片时就有过。如果她不这么贪心，让一切在地铁呼啸着离开时戛然而止，那么这段经历在她记忆里大概永远明亮。

而不是像她如今这样，担心后续的拉扯破坏美感，也觉得自己这样想东想西无止境地猜测他的行为动机很烦人。

放鸽子这个念头来得悄无声息，但渐渐压倒了心底所有期待。

凌星还没做出最终决定，但一觉醒来，发现已经没有了多做思考的余地。她睡过了头。刚巧今天的第一节课是以严厉著称的老教授的专业课，她在校门口下了车，就开始大步奔向教室。

一周的运动量在几分钟内完成，还好最后凌星踩着点儿溜进了教室。

她在过道旁边坐下，刚拿出课本，想起手机备忘录里记了几笔在别处看到的资料，打开抄写期间，余光忽然瞥见手机屏幕上跳出来一个方块，手指在思考前已经习惯性地按下接受，随后小方块变了颜色，她抄完一行，才扭头看具体内容。

"——我有种神奇的魔力，总能找到好看的东西。"

"比如你。"

什么鬼东西？

凌星皱着眉头凑近屏幕，又看了两眼，确认分享者是 Lin 无误后，扭头四下看了几眼，依旧没看到他人，但收到了他的设备名字发来的信息，或许是在隔壁教室吗？没来由的，昨日的思虑再次翻涌，凌星盯着屏幕，突然觉得有点说不清道不明的失望情绪。

即便是林濯，讲出这种油腻的话，美貌也要断崖式打折扣的。

忙着上课，凌星第一次没回复他的讯息。满课的上午结束后，凌星大脑出现短暂放空，才忽然又想起清早收到的信息，像幻觉似的。

无论是前几次隔空交流，还是线下仅有的两次短暂对话，林濯给她的印象都很好，干干净净又很谦逊，但他怎么一出地铁就像变了个人？难道之前都是伪装的吗？

带着这样的疑虑，当天下午，凌星再次收到他隔空投送过来的讯息时，犹豫了很久才按下接受。

"我有超能力。"

——超级喜欢你。

凌星脑海里自动跳出来他没讲出来的后半句，眼睛一闭，觉得以后可以拒收他的消息了。

可能贪心都没有好下场，幻想破灭比与幻想仅有短暂交集残酷得多。

虽然心底有微弱的声音挣扎说，他看起来完全不像这种人啊！

凌星在去食堂的岔路口碰到了周周，她正准备喊周周的名字，忽然发现周周扭头看了过来，与此同时做了个嗓声的动作。

凌星疑惑地靠近，小声问："干吗呢？"

这个时间点，通往食堂、操场的路上熙熙攘攘，她在周周的示意下，视线越过前面的同学，终于从缝隙里找到了疑似林濯的身影。

凌星茫然地看向周周，周周用手指示意两人加速、跟上他们。

凌星拽都拽不住，但又不好放她一个人处于这样的境地，于是硬着头皮跟上，瞬间觉得整个人都猥琐起来。

凑近后，凌星捕捉到了前方传来的零碎的对话。

"他才懒得跟我们一起去打球，你看他这副心不在焉的样子，巴不得现在就去见谁谁谁。"

"我看看，眉眼是荡漾了点。"

"有完没完？"语气有点无奈，又有点笑意。

凌星诧异，她居然听出了林濯的声音，她抬头迅速看了一眼，顿时觉得这行为太不妥当，似乎随时有被发现的可能。她拖着周周和他们拉开距离，最后又听到了一句："以你这种方式，到大学毕业也不知道能不能追到谁谁谁，要不要……"

"太危险了，被发现了怎么办？"凌星拖着周周走到路的另一边才开始找回呼吸节奏。

周周解释："我听到他们在说谁谁谁如何，那个语气，真的一听就有猫腻，果不其然。"

凌星沉默两秒："你以后不用再帮我留意林濯的信息啦。"

"为什么？你这就放弃啦？"

凌星莫名不想把白日的经历告诉周周，好像心底对林濯还有微末的期待，又或者是不想让因他而起伏过的情绪都变成不值得，所以她故作坦然道："你刚刚不是都听到了吗，他有喜欢的人啊，而且我只对他有一点点好感，还来得及按下暂停。"

"那他为什么还要招惹你嘛。"周周忍不住抱怨。

凌星猜测，他大概跟她一样，觉得地铁上的时间那么无聊，随便做点什么都好。或许收到他隔空投送的远不止她一个人。

是她奇怪才对，明明都没见过他几次，不知道哪儿来的这么多情绪。

5

林濯发现"星星不闪包退换"的设备名字，连同凌星本人一起消失了。

一开始，他怀疑她是因为忙碌，调了课程、改了时间才没有出现，但日复一日，某一天，他忽然惊觉无论是在学校，还是在地铁上，他都已经很久没有见到她，也没搜到她的信号了。

这种情况之前从没发生过，即便是在他还没有投送出第一张照片的时候。那么很有可能，是她修改了名字，或者关闭了隔空投送。

为什么？不想再跟他有交集了吗？可图书馆碰到那次，不是还好好的吗？

忽然有些慌乱，想快点见到她。

他之前居然那么笃定，以为可以一步步慢慢靠近她。不想表现出太强的目的性，也不想将所有情绪都表露，所以自以为聪明地在一众符号里找到跟她名字相关的称呼，然后试探地点击分享。

隔着人群，暗暗观察她的表情，猜测收到图片的人会不会是她。

漫长的等待过后，他意外于居然收到了她的回复，而且，图上的大橘很眼熟。

他抬头,遥遥看了她一眼,她笑得眼睛弯弯的,还下意识向四周张望几眼。

似乎找到她了。

以为她会喜欢这样的邂逅,所以很长一段时间里,他都没有想过其他,直到察觉她消失的这一刻。

湖边、操场、食堂、图书馆,林濯路过学校的每一个地方,都不由自主地停留片刻,但始终一无所获。

甚至,他连那只总出现在凌星镜头里的橘猫都找到了,却还是没有遇见她。

想不出原因。回到教室,林濯心不在焉地翻着书,余光发现四周总飘来一阵若有似无的打量目光。

"怎么了?有事求我?"他扭头问。

几位损友齐刷刷地摇了摇头,林濯皱起眉头,看到他们几个相互对视两眼,然后莫名其妙地开始石头剪刀布,最后输的那位室友表情决然地看向他,吞吞吐吐道:"那个……你要不要……加凌星的微信?"

林濯莫名其妙地问:"什么意思?"

室友打开手机屏幕,"我这儿有她前两天发过来的微信二维码。"

林濯愈发疑惑:"哪儿来的?"

室友:"算是……骗来的,我们把AirDrop的名字换成你的,跟她讲过两次话。"

似乎猜到她消失的原因了。

林濯没吱声,就这么安静地依次看过几位室友。心里有鬼的人越来越心虚,接着说:"我们一开始只是想帮你赶赶进度,毕竟你追了这么久……"

都还什么没要到。

室友停顿片刻,生硬地改口:"她最近忽然开始不理人,我们才意识到闯祸了。"

林濯无奈地叹了口气:"捣什么乱,我说我怎么找不到她了。"

一直竖着耳朵做鸵鸟状的另外一位同学忽然举起手,说:"二十分钟前,我在三楼的自习室见过她。"

林濯愣了片刻,随即大步走出教室。

距离上课时间还有五分钟,剩下几只鸵鸟面面相觑,过了会儿,也跟了过去。

6

林濯在三楼的走廊遇到了恰好从自习室出来的凌星。

林濯松了口气,在距离她半米的地方停下,问:"你能不能把你的AirDrop再打开一下?"

凌星跟他对视两秒,顿了顿,从包里翻出手机,又按了两下,林濯看到屏幕上"星星不闪包退换"出现的同时,凌星也诧异地"嗯"了一声。

她的手机屏幕上,接连冒出来一个、两个、三个名为Lin的设备名字。

"这是怎么回事?"她问。

林濯回头,看了下在楼道拐角藏头露尾的一群鸵鸟,说:"之前跟你乱讲话的是我朋友,大概,他们觉得我太磨蹭了,认识你这么久,还没有……加上你好友,所以一时着急,替我刷了下存在感。"

凌星歪头,视线越过他看向拐角,有两个五官眼熟的人试探地钻了出来,冲着她讨好地笑笑。

她想起,他们是在图书馆里偷看她,

被周周发现后,问她认不认识的那两个人。

原来是他的朋友。

"虽然不知道他们具体说过什么,但如果有不妥当的地方,我跟你道歉。"林濯停顿片刻,又问,"你想再关闭AirDrop的话,能不能先通过我的微信好友申请?"

凌星反射弧超长地问:"你认识我很久了?"

林濯忽然笑了一下:"你记不记得,去年冬天,活动中心的free hugs活动?"

印象中,那天格外冷,林濯下课后去活动中心原本是要找学姐拿份资料,过去才发现学姐在做这个活动。两人站在原地聊了几句,林濯正准备离开,余光忽然发现有人朝这边大步飞奔而来。

风吹乱了她的头发,她笑嘻嘻地一把抱住学姐,就在林濯猜测她们是朋友时,她又毫不犹豫地松开手,转而抱住了他。

女孩子结结实实地扎到他怀里,带着淡淡的香气,和微末的温度。

林濯愣怔片刻,也伸出手回抱了她,然后他听到她脆生生地说:"祝你天天开心呀。"

他还没来得及开口,她就像来时一样,一阵风似的跑开了。

过后,林濯茫然地和学姐对视一眼,学姐问:"是不是很可爱?"

他应了一声,忽然笑了,好像忽然对拥抱的力量有了新的理解。

冬日里纯粹的拥抱和她飞奔而来的模样就这么一直留在了他的脑海。

再见到,是几个月后的早春时节。樱花开得正好,她总坐在树旁,小声背着单词,旁边偶尔趴着那只在当时还很小只的橘猫。一人一猫,画面温柔缱绻,他每次遇到都忍不住多看两眼,也总想着,下次吧,再见到就想办法认识她一下。

结果,她毫无预兆地再次消失。

然后就是地铁上重逢,这一次,他终于没再犹豫。

"我能再问你一个问题吗?"凌星迟疑道。

见林濯点头,她说:"谁谁谁是谁?"

绕口令一样,没头没脑的问题,但林濯听懂了。

有很长一段时间,他并不知道她的名字。学校里有那么多的人,活动中心前的那条路没有任何指向性。后来他多方打听知道了她的名字,虽没有对人提起过,但熟悉的人都渐渐看出了端倪。他们猜测他有了喜欢的人,苦于不知道具体是谁,于是就用谁谁谁代替。

"是你啊。"他说。

他和她之间总隔着大段大段的空白,好不容易添上几笔交集,又不小心被涂改,再见到她的这一刻,好像劫后余生,他忘记了所有章法,只好莽莽撞撞地奔向她。

凌星愣愣地眨眨眼,几秒后,出乎意料地问:"那要不要,再抱一下?"

"free hugs?"

凌星缓缓摇头:"林濯限定。"

我以为喜欢可以按下暂停,也可以适可而止,但我为了克制自己去见你,付出了巨大的忍耐力。

还好,你愿意在迂回之中,再一次奔向我。

昼梦回响

✽ 柒时微

> 或许这就是喜欢的意义，只要和她在一起，哪怕前方是狂风暴雨，他也甘之如饴。

1

孟锡澜做了一场可怖的梦，梦中漆黑一片，摇摇欲坠的他恍若陷入泥沼之中，就在他被压得无法喘息时，他忽然看到在远处的尽头站着一个模糊的身影。

嘈杂的声响将他从梦境中拽了出来，睁开眼的一瞬间，视线中的影子不再是模糊的轮廓，取而代之的是少女清晰的面容。

覆在他脸庞上的书本适时滑落，屋外的阳光恰巧洒在他的面容之上，在他睁眼的那刻两人四目相对。

"对……对不起，我不是故意吵醒你的。"眼前人一脸急促地看着他，面色紧张不安，慌乱地捡起地上的书籍。

他的视线不禁往上扫了一眼，她手里拿着的书籍恰巧放置在他靠着的书架上，这才意识到是自己妨碍到了她，于是道："说抱歉的人应该是我，是我太累了不小心睡着了。"

眼前的人有一股说不上的熟悉感，孟锡澜正思忖时恰巧瞥见了书的名字，是教如何在公众场合讲话流利的书籍，他问："你是最近有参加什么上台演讲或者表演吗？"

被猜中心思的乔如昼惊讶地愣了片刻，随即点了点头。

"我学过一些关于这方面的技巧，如果你不介意的话，我可以教你。"孟锡澜善意地询问。

面对孟锡澜的好意，乔如昼却猛地摇了摇头，结完账飞快地从书店走了出来，还没走几步，忽然收到了来自广播剧工作室的电话，约她下午前去录音棚。

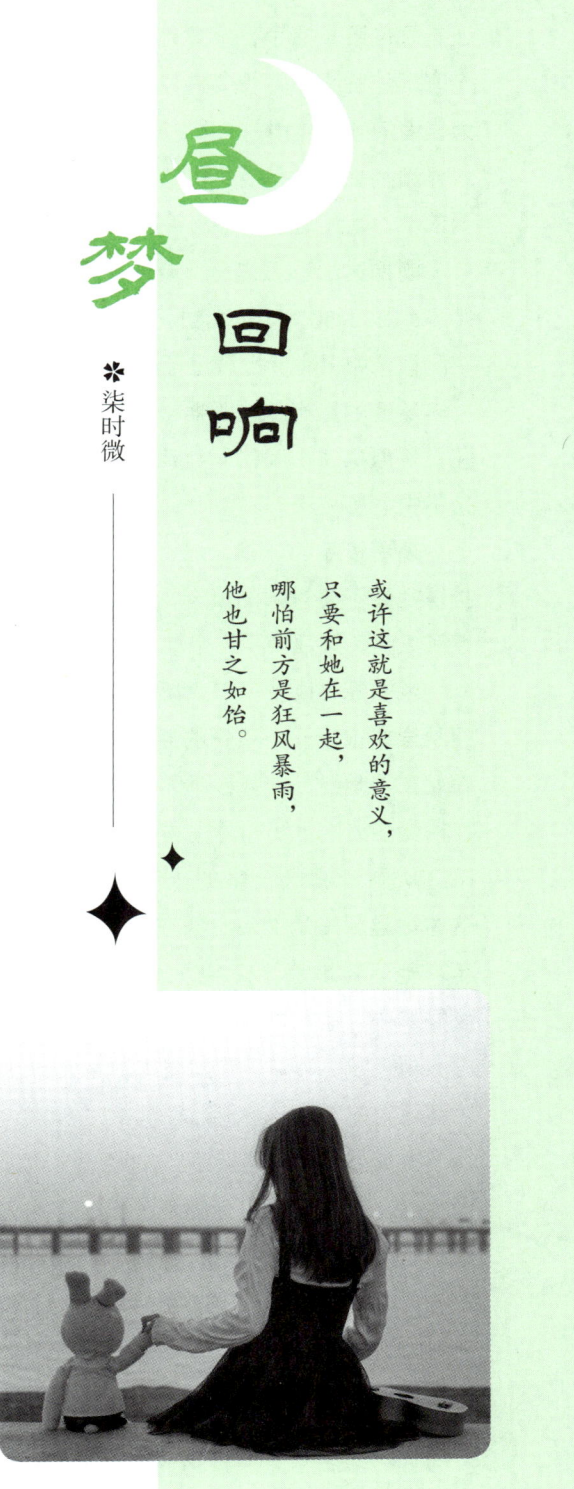

除了北城大学学生的身份外，乔如昼还是一位网文写手，最近她的一部作品被一家工作室相中，想要制作成广播剧，身为作者的她被邀请前去参与录制。

起初乔如昼是拒绝的，可在导演强烈要求下，她还是硬着头皮答应了。

刚抵达配音工作室，导演就盛情邀请她来到录音棚内："乔老师，现在男主正在配音，如果有什么意见可以提出来。"

清透的男声从监听器里传来，声色柔和，好似掠过山间的一缕清风，温柔中却又不失力量。

隔着模糊的玻璃，加之录音设备的遮挡，她看不清对方的面容，转过头赞许地点了点头，只评价了三个字："挺好的。"

就在配导刚要开口之际，录音棚内的门从里面被打开，清亮的声音如一阵风落在她的耳畔："昼梦老师你好，我是这部广播剧的男主，我叫孟锡澜。"

从录音棚走出来的人有些眼熟，她这才记起原来是上午出现在书店的那名少年，她迟钝地点了点头："你好，我是作者乔如昼，笔名昼梦。"

"你说你叫……乔如昼？"孟锡澜面色惊诧。

乔如昼偏头有些疑惑："怎么了？"

"没什么，"只见他嘴角一弯，亮闪闪的眸子好似黑夜中划过的流星，"谢谢你。"

此刻的她没有反应过来，愣了片刻问："什么？"

"刚刚你说的话我听到了，"他偏过头在她的耳旁低声附了一句，眼底是难掩的喜色，"我很开心。"

2

本就社恐的乔如昼，加之一些特殊原因，更不喜欢与人社交，因此她平常除了学习便是创作写稿，而孟锡澜的到来打破了她枯燥乏味的生活。

大三的课业还算轻松，结束上午的课程后，乔如昼一边站在食堂排队就餐，一边思索故事情节的剧情，浑然不知队伍前面的人是谁。

"嗨，乔老师，我们又见面了。"熟悉的声音从身前传来，乔如昼被吓了一跳。

缓过神来的乔如昼低声提醒道："别叫我老师。"食堂里人来人往，她一个学生被人叫老师可惹人奇怪了。

见状，孟锡澜抿嘴一笑，听话地服从："遵命，乔如昼同学。"

点餐的队伍终于挪到了菜品面前，乔如昼眼神一动不动地盯着不远处仅剩少量的糖醋里脊，心里不断默念千万别有人捷足先登，可下一秒她心心念念的菜肴就被孟锡澜收入盘中。

打完菜的乔如昼沮丧地端着餐盘坐在角落，忽而一抹身影径直坐在了她的对面："乔同学，我可以麻烦你一件事吗，我对剧本上的一些情景有些不太理解，你可以和我讲一讲吗？"

"你找，找编剧。"乔如昼没有看他，埋头扒拉着碗里的饭菜。

"编剧我找过，可她太忙了，根本不理会我的请求，"孟锡澜的声音无比诚恳，"这次是我第一次在广播剧中担任男主，我很想努力完成。"

这番话不免让乔如昼有些动容,她抬起头,抿了抿唇还未开口,忽然嘴里被他塞了一块东西,酸甜的滋味在口腔里不断蔓延,是她喜欢的糖醋里脊。

乔如昼一头雾水地看着他:"你干什么?"

"你看不出来吗,"孟锡澜明目张胆地说道,偏着头眼睛弯成一条线,"我在贿赂你。"

大抵是他望向她时的神情太过真诚,又或许是吃人嘴软不好拒绝,总之乔如昼最终答应了下来。

和往常一样,在录制开始前两人会坐一起讨论剧情,忽然乔如昼的电话铃声不适宜地响了起来,是系主任打来的电话。

不用猜也知道系主任肯定是又催促她演讲的事,她冷汗涔涔地接起电话:"老师,我能不能……不参加?"

答案可想而知,乔如昼顿时愁容满面地挂断电话。

见她垂头丧气的模样,孟锡澜不禁问道:"是发生什么事情了吗?"

"你们配音演员,"她的声音喑哑低沉,"是不是……都说话很流利?如果我能,能和你们一样就好了。"

前阵子学校正好有个研究项目的评选活动,幸运的是乔如昼交上去的课题通过了初选。而接下来的最终评选需要每个选手上台轮流汇报自己的成果,这对于她而言无疑是一场噩梦。

虽然她没有说犯愁的原因,但细心的孟锡澜还是注意到了她每次紧张时都不自觉地结巴,他道:"还记得书店那日我说的话吗?"

此刻的她猛地回想起那日他曾说过教她关于发声的技巧,她小心翼翼地试探问:"之前你说的话还……还算数吗?"

"当然,永远都作数。"他掷地有声道。

3

孟锡澜果然说到做到,他还特意做了许多功课,专门学习了一个锻炼嘴部力量的口部操。

说着,他便一步步按照步骤,噘起唇然后开始向四周挪动:"像我这样,然后再绕圈一周,重复做五组。"

一旁的乔如昼便跟着有样学样,噘着嘴吃力地跟着左右转动。这些动作看上去简单却很消耗体力,孟锡澜怕她觉得无趣,于是拿起手机,故作神秘地开口:"我这有段音频想给你听一听,你猜猜这个人是谁。"

手机里播放的音频有些嘈杂,依稀可以辨认出是一个男生的声音,听上去有些别扭,说话时口齿也不是很清晰流利,搅得她毫无头绪。

"想不到吧,这是我的声音。"孟锡澜毫不避讳地说,"因为一些原因,读书时的我是个很自卑的人,有次做广播员还念错了来信的内容。"

这不免让乔如昼一脸错愕,若不是他自己主动提及,她无论如何都不会将配音演员孟锡澜和音频中的人联想到一起。

对于她脸上的惊讶,孟锡澜并不觉得冒犯,顺着她的话说:"其实我从读书时就对配音产生了浓厚的兴趣,只可惜每次讲话时我说话都不利索。"

谈及过去,他并没有遮遮掩掩:"在我被嘲笑的时候,有个人曾鼓励了我,让我重拾了自己的梦想。我很想感谢她,只可惜后来我再没遇到过她。"

见状,乔如昼安慰地拍了拍他肩膀,笃定地说:"我相信缘分一定会让你们再次相遇的。"

当眼前的少女填满他视线的那刻,眼底的乌云被瞬间驱散,嘴角扬起一个好看的弧度:"那就借你吉言啦。"

三天后便是乔如昼参加比赛的日子,这次比赛是她们系内部的评选,身为不同专业的孟锡澜无法参加。

可当她抵达报告厅的门口时,却一眼看到了坐在台阶上的他。

原本坐在台阶上,撑着头犯困的孟锡澜看到她立刻有了精神:"虽然不能进去看你汇报,但为你加油我可不会缺席。"

乔如昼感激地说道:"谢谢,不过我还是有些紧张。"

语毕,只见孟锡澜一直盯着自己,乔如昼不免慌乱地问:"我的脸上是有什么脏东西吗?"

孟锡澜反应慢半拍地摇了摇头,指了指她的唇,道:"你的口红有点涂出来了。"

这下着急的乔如昼忙不迭地在包里翻找镜子,找了一通之后,苦着脸说道:"完蛋了,我忘记把镜子带来了。"于是她只好凭借着感觉胡乱抹了一把。

"这样可以吗?"乔如昼急得越发紧张。

蓦地,温热的指腹掠过她的唇瓣,平静的荒原之上顿时有野火升起,耳旁有微风袭过,火势逐渐燎原。

下一秒意识到自己逾矩的孟锡澜立刻道歉道:"不好意思,我见你没擦干净,忍不住上手了。"

"没……没事。"只见乔如昼涨红着脸,耳边如擂鼓的跳动声清晰可闻。

老师的催促声打断了两人,乔如昼轻咳了一声:"擦掉了,我差不多要进去了。"

彼时的报告厅内挤满了人,看着乌泱泱的人群和台下精神饱满的参赛选手,乔如昼突然叹了一句:"如果我能和其他选手一样厉害就好了。"

"你没必要成为谁,"站在人声鼎沸的场馆外,她只听到了他的声音,"在我眼里,你就是最好的乔如昼。"

4

可有时候无论付出多少努力,结果依旧还是会不尽如人意,乔如昼最终还是落选了。

"对不起,让你失望了,你会不会……讨厌我?"她原以为自己准备充分,可站在台上时她大脑一片空白,不仅忘词卡壳,还整个人都在发抖。

孟锡澜疑惑不解地询问:"你为什么觉得我会讨厌你?"

她的声音喑哑:"因为我……结巴。"

其实乔如昼并不是一开始就是这样,年幼时的她因为一次高烧导致短暂的失聪,自那场变故起,她说话就会不可抑制地结巴,与她相处的同龄人也逐渐疏远她。

长期的治疗虽让她的情况有所改善,

但一紧张还是会条件反射地磕巴,她也尝试过,可到头来屡屡的失败让她变得畏缩不前。

"我带你去一个地方。"说着,在孟锡澜的牵引下,她来到了海洋馆。

置身在一片蔚蓝之中,乔如昼的心不知为何也随之平静了下来。

两人站在一面巨大的玻璃墙前,眼前是成群结队的鱼儿,他道:"你知道52赫兹的鲸鱼吗,它发出的声音频率高于其他鲸鱼,所以它和其他鲸鱼无法沟通,因此被称为最孤独的鲸,可它并未停止寻找自己的朋友,所以你也不要放弃。"

"真的有人愿意和……和结巴成为朋友吗?"在海水的映衬之下,她的眼眸被蓝色浸透,似是一抹晕不开的忧伤。

暮地,两人的谈话被不远处的动静中断,乔如昼顺着声音望去,只见一个小女孩站在工作人员面前,急切地用手不停比画,而对面的工作人员看得一头雾水,不知所措。

此刻的乔如昼似乎捕捉到了女孩一直摸着耳朵上的助听器的动作,意识到她可能是聋哑儿童,便立刻走上前伸出援手。

她通过几个简单的手势与小女孩进行了简短的沟通,在这一刻他看到了她眼底散发着自信的光芒。

在乔如昼的帮助下,这名聋哑儿童顺利找到了她的家人,这一善举也得到了女孩家长和工作人员的一致称赞。

看到小女孩平安离开,乔如昼悬着的心终于放下了,就在她转身寻找孟锡澜时,发现他站在海底长廊的尽头。

一束天光穿透冰冷的海底,洒在他白皙的脸庞之上,他的声音混合着流动的海水声灌入她的耳朵:"我愿意。"

身后成群结队的鱼儿将两人环绕,孟锡澜缓缓地走到她的面前:"我愿意成为你的朋友,成为那个为了你翻越千山而来的人。"

那一刻,整个世界好似变成了一片巨大且无声的蔚蓝色海洋,深海的黑暗压得她喘不过气,周遭的鱼群和同伴对异类的她避之不及,她是这片海域中最孤独的鲸鱼。

在如墨的海底深渊之中,她忽然听到有一头与她散发着相同声频的鲸鱼,穿过不同海域,途经无数的风暴,精疲力竭却仍不知疲倦地朝她游来。

此后,孤独将不再是她的代名词。

5

广播剧的先行预告如期发布,为了让这部广播剧增加更多的看点,配音导演想邀请乔如昼参加访谈,有了作者的加入一定能吸引不少书粉。

鉴于整个团队只有孟锡澜和作者比较熟悉,于是配音导演让他出面想办法让乔如昼答应。

可孟锡澜却坚决地回绝了配音导演的提议,他不想让乔如昼陷入两难,便率先做出了回应。

就在两人争论不休时,乔如昼不知何时从门后走了出来,咬了咬牙道:"我愿意尝试一下。"

"你真的愿意吗?"他担心乔如昼是

怕自己为难，才勉强答应。

乔如昼郑重其事地点了点头："这部剧同样是我的心血，我也希望能出一份力。现在的我不再害怕别人是否会因为我的口吃而讨厌我，因为我……"身后有你。

现在她知道，无论自己怎么样，身后始终都会站着一个人，这便是她不会退缩的理由。

在经过孟锡澜的讲解，乔如昼大致了解录音棚内设备如何使用之后，访谈便正式开拍了。

或许是提前对过问题的大纲，又或许是因为主持人是孟锡澜，在访谈的过程中乔如昼难得没有像往常那般紧张。

整个过程都格外顺利，不知不觉间到了尾声，孟锡澜看着手稿问出最后一个问题："方便向读者和听众透露一下，你为什么会写小说吗？"

她如实相告："我因为讲话不利索，不敢和旁人说话，于是喜欢上了用写小说这种方式抒发自己的情感，其实我那时也在犹豫是否要坚持自己的梦想。"

"我们学校有个广播站，我将自己的心事投了稿，原以为会石沉大海，没想到却被念了出来，那个广播员给了我许多鼓励，让我坚定了自己的想法。"说到此，乔如昼不免有些害羞。

听到这句话的孟锡澜却顿时愣在了原地，他颤着声音，断断续续地问："你……你还记得……当时的广播员是谁吗？"

这件事已过去多年，她早已忘了是谁，摇了摇头道："记不清了，印象中他念稿子时有些紧张，不过声音很悦耳，和你一样好听。"

简短的一句话犹如平静的碧海上突然掠过的一只蝴蝶，稍稍扇动翅膀却引起了一场海啸。原来在这场无尽的风暴之中，是彼此将对方从孤独的旋涡里拉了出来。

录制结束，两人一同走在初夏的街头，有一搭没一搭地聊着天，在松弛的状态下，乔如昼说话也变得流利自如："刚刚你怎么突然呆住了，是发生什么事了吗？"

"没什么，"他的眼底暗藏笑意，"只是有时候感叹缘分真的很奇妙。"

夏夜的风偷偷窃听两人的言语，乌黑的发丝在空中肆意缠绕，乔如昼抬头望着眼前热烈耀眼的少年，心犹如浸入湖面的浮标轻轻跃动。

孟锡澜望着她的脸，喉结微动，平静的面色背后，殊不知袖口早已被拧出了一团褶皱："乔如昼，有句话我想对你说……"

6

明明话到了嘴边，却又不知该如何说出口，最后孟锡澜还是打了退堂鼓。等下次找到合适的机会，一定要亲口告诉她，他下定决心这样想。

可坏消息永远要比好时机先行一步闯入我们的世界之中。

待到正片发布那日，广播剧的评论区忽然涌入了一大批抨击的言论，一部分人不喜配音演员们的音色，认为声音配得不够自然，不是他们想象中的男女主，更有一部分人将恶言对准了作者，指责她为了赚钱将自己的版权卖了出去，糟蹋自己的小说。

面对这些言论，工作室不得不暂停播放后几期的广播剧，整个团队都陷入了昏暗的阴霾里，其中孟锡澜尤为低落。

封闭的录音棚内，透过玻璃窗，只见孟锡澜戴着耳机，帽檐压得极低，看不清脸上的神情，从声音上能清晰地辨认出他此刻的状态不对，低哑的嗓音断断续续。

门外的乔如昼在犹豫了片刻后，最终还是打开了房门："你配得已经很好了，不用再一遍遍重复配音了。"

孟锡澜低着头，痛苦地捂着脸，凌乱的刘海狼狈地散在额前，声音听上去疲惫不堪："都怪我，如果当初是请知名的配音演员来配你的作品就好了，那肯定会有更多的人喜欢，也不会造成如今这个局面。"

窗外下着淅淅沥沥的小雨，乔如昼摇了摇头，她的声音裹在雨声中："其他优秀的配音演员有很多，但孟锡澜只有一个，而我只想让他来出演这个角色。"

"可都是因为我，他们才会攻击你，"孟锡澜的眼角溢出了几滴泪，猛地攥住她的手腕，声音发紧："这些原本不应该由你来承担的。"

乔如昼摇了摇头道："我已经不在意那些声音了，你也不要质疑你自己，在我眼里你就是最优秀的那个人。"

"其实我很差劲，如果不是你的话，我也不会成为配音演员。"他突然说道。

低沉的声音传入耳中，却像惊雷炸响，乔如昼登时怔在了原地。

一道耀眼的光束穿透云层，将裹挟着厚重云雾的回忆拨开，在浓雾的尽头，天光乍现，有个少年背着双肩包朝他缓缓走来，模样有股说不出的熟悉感。

高中时的孟锡澜正值青春期，由于激素分泌紊乱，他长了满脸的红色青春痘，看了多次医生也无济于事。即使他的嗓音好听，老师也不会选他参加朗诵比赛和晚会主持。

正因如此，他逐渐变得自卑，就连上台讲话都畏缩不前，讲话含糊不清的他连唯一的优势也丧失了。

恰逢这周轮到他们班级的学生当值广播员，一开始被选中的人并不是孟锡澜，只因对方临时身体不舒服，老师找不到更合适的人，便临时决定由他顶替。

学校广播员除了点歌，还接收学生们投稿的烦心事，在众多的信件中，他偏偏选中了一个女生写的纸条。

女生在来信中写到自己身体有缺陷，面对自己的梦想陷入了自我怀疑中，这不禁让孟锡澜联想到了自己，于是他认真地回复了纸条上的内容并给予鼓励，还紧张地说错了词。

从广播室出来后，孟锡澜一回想到刚才差劲的表现，已经做好了被嘲笑的准备，恰巧他迎面撞上了两位女生。

果不其然，她们正讨论着刚才的广播："刚刚的广播员讲话磕磕绊绊的，也太好笑了，讲话都不利索，这个来稿者听到肯定心里很不开心。"

就在孟锡澜心灰意冷之际，正在打水的女生义正词严地站出来说："我不觉得！

他的声音我很喜欢，如果我是那个女生，我收到这个回信，我会……我会很开心。"

7

眼前的女生不是别人，正是十六岁的乔如昼，她站在两名同学前，背对着孟锡澜，讲话有些吃力，表情却异常坚定。

一旁的孟锡澜万万没想到自己也会有被人肯定的那天，环绕在他心头的那朵乌云终于散开。后来他又千方百计寻找她的下落，可惜她后来转学了，只打听到她的名字，乔如昼。

从回忆中挣脱出来，站在她面前的少年已没了满脸的青春痘，取而代之的是白净的面庞，乔如昼这才认出来，她惊呼了一声："当时竟然是你念了我的投稿，只可惜后来我再没遇见你，我父母担心我的病情，带我去其他城市治疗了。"

对于自己的高中生活，乔如昼大部分的记忆点都是辗转在各个城市的医院。

由于讲话结巴，加之频繁转校，她很少有亲近的朋友，因此她对自己的高中生活印象并不深刻，可那日他在广播电台对她的回音，却在她那段索然如白纸的时光里留下了深深的一道墨痕。

现在的她才意识到，原来从那时起，两人命运的轨迹都因为对方留下的痕迹而发生了重要的转变。

彼时的孟锡澜还沉浸在难过的情绪中无法自拔，录音棚的大门被导演打开，他的身后站着所有团队的成员。

"我把他们找来想继续完成广播剧的制作，"乔如昼捧着孟锡澜的脸，眉眼的笑宛若明媚春光，"不知道我们的男主是否还愿意呢？"

其实乔如昼也知道他心里对这部作品的不舍和在意，在思忖良久后，想要再试一试。

于是她努力说服工作室的成员继续将广播剧录制完成，团队里不少成员在见到她态度如此诚恳时，也觉得不应该就这样弃之不顾，于是同意了她的提议。

最终的结果如何无人能够给出确切的答案，谁也不能保证广播剧后续上线后一定会扭转现在的局面，面对未知的风险，身为作者的乔如昼也没有十足的把握。

见他没有开口，乔如昼抿了抿唇，有些落寞地开口："我知道这项决定有些冒险，如果失败的话，那就是在浪费时间，如果你不愿意……"

"只要是和你一起，做任何事情都不是在浪费时间。我愿意。"她的话还未说完，孟锡澜便笃定地说道。

或许这就是喜欢的意义，只要和她在一起，哪怕前方是狂风暴雨，他也甘之如饴。

8

在后续的制作过程中，乔如昼和孟锡澜翻看了不少网友的评论，连续熬了几个大夜，将评论中指出的问题进行了整理和归纳总结。

之后团队又请了更为专业的配音老师指导他们的工作，孟锡澜和配音团队一次次推翻之前的配音重新录制，只为了与角色更加契合，让听众能够通过配音身临其境。

好在他们付出的努力被听众看到了，越来越多的人被他们的诚意感染，他们也逐渐收获了一批忠实的听众粉丝。

虽然仍然有一部分人否定他们，依旧对广播剧的配音嗤之以鼻，但对于乔如昼和孟锡澜而言，他们努力过，也获得了一部分的肯定，这便足够了。

广播剧的事情终于告一段落，而北城也正式迈入了燥热的夏季，随着期末考试的陆续完结，乔如昼和孟锡澜迎来了学生生涯中最后一个暑假。

为了让这个夏天不留下遗憾，孟锡澜特地报了一个出海的旅游团。

站在甲板之上，蔚蓝的天幕之下是无数的海鸥在空中盘旋，远处的海天融为一体，耳畔传来清脆悦耳的乐曲。

只见孟锡澜站在船头，怀里抱着木吉他，在弹奏着一首不知名的曲调。

咸湿的海风扑面而来，乔如昼提起裙摆，小跑到他的面前。

"是我们团队给广播剧做的主题曲，"孟锡澜停下了手中的动作，紧张地环顾着海面，"词已经写得差不多了，只是还差一句结尾的词。"

乔如昼看出了他的异样，问："你怎么了，是在找什么吗？"

"其实……"孟锡澜沉默了半响，才不好意思地说，"其实我报这个旅游团是想带你看蓝鲸……"

彼时的海面风平浪静，丝毫没有蓝鲸的踪迹，乔如昼笑着安慰道："如果没见到也没事，现在的风景就已经很漂亮了。"

"这不一样，我原本想等蓝鲸出现时对你说……"他的声音不自觉地轻了许多。

听不清的乔如昼一脸疑惑。

只见眼前的人忽然做了一连串的动作，这突如其来的行为让乔如昼顿时怔在原地："你说什么，你能再……再比画一下吗？"

"你没看错，我刚刚是在说，我喜欢你。"说罢，孟锡澜一次又一次地重复着刚才的动作，向她反复证明自己的心意。

原来在海洋馆回去的当天，孟锡澜就特地去网上学习了手语，只为了能成为与她同频的人。

蓦地，远处平静的海面忽然传出一声低鸣，一只庞然大物霎时从海面跃起，溅起白色的浪花。

"那你……你的答案呢？"所有人的注意力都被眼前的鲸鱼吸引，只有孟锡澜的目光仍旧驻足在她的身上，他的手不安地攥着衣角，焦急地等待那个至关重要的答案。

只见这头鲸鱼忽然向远处奋力游去，而海面的尽头，是另一只等待着它的同伴。

"我想到歌词最后一句是什么了，我是一只深海的蓝鲸，而你是我唯一的导航星。"她浅浅一笑，用力地握着他发颤的手，"这也是我的答案。"

在昏暗窒息的深海里有一只孤独的蓝鲸，伴随它的是日复一日冰冷孤寂的海水，可有一天，忽然有一只与它同频的鲸鱼越过茫茫海洋，忍受孤寂为它而来，它会怎么做？

她想，她也会坚定地朝他游去，哪怕沉溺也不在意。

明月复照还

※ 夏南年

世间事物大多不可得兼，
想得到又怕失去可不行。

～ 1 ～

实验高中马路对面，左转第一家米线店，林邵心用手挡住一半嘴巴："你们看，那个男生吃饭的样子好夸张啊。"

姐妹们"呼哧哧"大笑出声，男生没抬头，耳根却蔓延上红晕。

他咀嚼得更快了，像表演杂技似的用叉子飞快卷起滑溜溜的米线，为防止它滑落溅起汤汁，头埋得极低，一口气吸溜一大口，腮帮子胀得滚圆。如此粗鲁的行为背后，样貌却挺俊秀。

林邵心正纳闷，他突然丢下叉子跳起来，紧接着，大人的惊呼声、小孩的哭声和桌椅的倒地声混杂在一起。

老板匆匆跑来，林邵心手舞足蹈地给他描述，刚才那个男生，是如何敏捷地跳过去，将不老实坐在板凳上，差点儿后脑勺朝下砸在地上的小男孩稳稳接住的。

众人听闻，都长吁一口气，目光敬佩地转向一旁。老板笑着拍拍男生的肩："陆一，不愧是全能的消防兵。"

此起彼伏的呼声更大了，小男孩的妈妈一边戳儿子脑门，一边连连对陆一道谢。

这次换成林邵心面红耳赤，她望着陆一客气又波澜不惊的神情，无地自容。

很多消防兵习惯用叉子吃饭，林邵心是知道的，她家里也有个消防兵，其中苦乐她都听说过。

林邵心想上前说点什么，称赞或是道歉，朋友却嚷着要赶去买教材，挽着她匆匆离开。

~ 2 ~

但林邵心心里，埋进了一颗种子。

她从小就佩服能为国家奉献的人，可惜自己不能文亦不能武，唯一能做的，就是在舞蹈房练功到抽筋时，悄悄拿出手机，划拉出学校旁消防署的照片。

上面陆一站在边缘处，比画着一个局促的"耶"！

林邵心第二次遇见陆一，还是在米线店，有点守株待兔的味道，他匆匆吃完，林邵心便支开朋友，悄悄跟上。

绕了一大圈来到学校常年不开的后门，原来陆一与自己不过几步之遥。

林邵心惊讶地叫出声，陆一转过身，眼神疑惑。鬼马机灵的林邵心下意识想跑，冷静后掏出袋子里的衬衫裙，指着上面豆大的油渍："你上次弄的。"

陆一眨巴着眼，林邵心理直气壮："虽然你是为了救人，但弄脏了我的衣服也是事实。"林邵心没诳他，陆一丢叉子时，正好扔在了她身上，偏偏衣服价值不菲，她才拎着四处找洗衣店。

陆一看了眼衣服，又扫了眼林邵心，突然顿了下，皱起眉，结巴着问："那……还能洗干净吗？我赔你。"

林邵心狡黠一笑："这倒不用，做了好事还问你责，也太不该了，但我的确有损失，不如给我个联系方式吧？"

"不行，"陆一斩钉截铁地拒绝。林邵心委屈巴巴地抬手指指红色大门："我只是，很敬佩你们。"

陆一自知言重，尴尬地掩饰："我不怎么用手机。"

"那，给你照张相可以吗？"几秒钟后，林邵心带着买菜时还价成功的表情，回到了学校。

~ 3 ~

反正消防署就在学校旁，林邵心是艺考生，请假很方便，她不时就到门口溜达一趟，甚至打听到，陆一是本市人，只比她大一岁。

"什么嘛，他明显有二十五岁了。"

分享资料的消防兵大笑，陆一正巧经过，恼羞成怒地拽过林邵心："我哪有那么老？"林邵心仰起脸："不信？你看。"

陆一垂下头，林邵心收回手机，"啧"了一声："多完美的表情包。"

"你……"陆一跑去抢手机，林邵心已经跑远了，站在路边冲他挥手："请我吃饭就删掉，要求不高，一碗米线。"

气归气，陆一看着林邵心不加辣甚至连油花都没有的碗："真的能吃？"

"早习惯了，"林邵心眼睛滴溜儿一转，"把胡萝卜夹给你可以吗？"

"不行，"陆一果断地把碗挪开点，"你别靠那么近。"

熟悉后，陆一再也不会被林邵心骗到了，他直截了当地问："你不好好上学，死皮赖脸在我旁边晃悠，到底是何居心？"

林邵心闻言抬起头,眼睛明亮认真,陆一莫名想躲闪,对方却正色:"首先,我每次都只是顺路,虽然成绩不好,但作为舞蹈生,我的成绩和专业能力能去很不错的大学;其次,我只是敬佩、喜欢和好奇你的职业。"

陆一斜眼看她,一脸不可置信:"那你偷拍我?"

林邵心按亮屏幕,上面是另一位消防兵的英容,在桃树下,笑如初阳。

林邵心难得正经,陆一的心忽地一落,他赶紧吃口米线,挡住自己的错愕,半天支吾着说:"你拍也拍好看点,表情包算怎么回事?"

"骗你的,"林邵心心满意足地抹抹嘴,"坑你顿饭。"

～ 4 ～

林邵心知道,陆一不讨厌自己,哪怕她骄纵,"坑蒙拐骗"样样精通,但据情报说,陆一很严肃,可和她在一起时,陆一会笑,会跳脚,会有千姿百态,林邵心便继续享受这份优待。

她想吃外卖会找陆一送,提不动快递也找陆一帮忙,偶尔练功太晚,会要求一顿夜宵,只要陆一拒绝,她便理直气壮地说:"别人的任何小事你都能帮,为什么我不行?"

陆一的心软下来。

前几天林邵心去外地找名师辅导集训,辛苦了几天,只抢到深夜回家的车票,陆一说好去接她,结果凌晨两点,回应林邵心的只有简短一句:"临时出任务,自己想办法。"

林邵心没打到车,冻得哆哆嗦嗦,走了一个钟头,天亮后喝着陆一买的热豆浆,才得知他是去为老奶奶褪戒指了。

为什么是深夜?林邵心还没来得及问,打个喷嚏,头晕眼花地趴回桌子。

爸妈还在国外出差,林邵心露出可怜兮兮的表情,陆一无奈,只得有空就拎着饭盒去教室找她,他虽已有成熟的锋芒,但面容也是18岁少年的模样,总能自在地混进混出。

吃完饭林邵心拉着他在操场晃悠,还有同学喊他一起打球。"怀念吗?"林邵心问。

陆一转过脸,点点头,揉揉林邵心在日光下微微闪烁的长发:"你似乎总能捉到我的点。"

"那是。"林邵心自豪地一掐腰。

～ 5 ～

陆一终于不再抗拒林邵心插手自己的生活,遇见同事,林邵心冲他们招手:"陆一情商低,你们要爱护他。"

对方笑得直不起腰,比画个OK的手势。

陆一揪住林邵心的领子:"说谁坏话呢?"林邵心干净又大声地笑。不过他的确不善交际,和大家的关系倒真的越发好了。

林邵心的生活也似乎走上了某种正

轨,陆一不准她逃课、熬夜,会抽空陪她聊天,除了健康规矩了些,其实没什么区别,但林邵心知道,自己心里那块插着荆棘的伤口,正在慢慢愈合。

也是第一次有人为她送行,年关一过,陆一拖着半大的行李箱送林邵心去车站,一本正经地祝福:"马到成功。"

"小case。"林邵心潇洒地离开,接下来,她要独自一人走南闯北,去几所高校与济济人才战斗,校考她不怕,现在身后有了底气,她什么都不怕了。

为了保险起见,林邵心在考目标大学前,特意多报了几个重点院校找感觉练手,做了万全准备的她,上天想为难也没办法。

她沾沾自喜地跟陆一要奖励,聊到一半,对面突然没了回音,陆一从来不会这样。

老师叫她上场,林邵心放回手机,深呼一口气:"说不定只是手机掉进厕所了。"她被自己逗乐了,出色地层层过了几位老师的关卡,在回旅店的出租车上,颤抖着手给陆一拨了通电话。

占线。林邵心又给他同事打,也无人接听,那一秒,林邵心整个身子冰凉,她打开手机,城市新闻就像一根针,把她戳漏,高速口发生连环追尾事故,消防员前去营救时,突然发生了爆炸。

林邵心稳稳心绪:"师傅,麻烦改道去高铁站。"

～ 6 ～

城市的夜晚,有人安眠,有人加班,有人与命运殊死搏斗。

陆一的电话终于通了,林邵心在光与黑暗的交织中捕捉到疲惫的陆一,跑上前一把拥抱住他。

"你不是在考试?"陆一猛地皱起眉,林邵心的眼泪打湿了他衣服上的灰。

陆一的确是出了车祸,但并不是新闻上危险的那个。一整夜,他半揽着林邵心轻轻揉她的头发。

林邵心像陷进了一场半醒的梦,紧紧拽着陆一,不时抽搐哽咽几声,伤心又精疲力竭。

等天亮,迷幻和噩梦终于结束,林邵心咬着KFC的鸡肉大饼被陆一送去学校。

阳光洒下来,她好多了,托一同考试的朋友把行李寄回来,开始攻文化课,只是有点像惊弓之鸟,在教室好好写着题目,会突然冒出一身冷汗。

"我真不信你只是敬佩我,"陆一把蛋挞的锡纸剥开一半递给她,又板起脸,"但我得跟你算笔账。"

林邵心吃得欢,瞥他一眼,陆一絮絮叨叨:"高考就不说了,梦想可是一辈子的事情,就不能有点耐心?最重要的一场校考错过了,值得吗?"

"还不都怪你。"林邵心拿起第二只蛋挞,轻飘飘堵住陆一的话。

陆一笑了,点点头:"是是,都是我的错,快吃,晚自习是数学,你的弱项。"

林邵心将垃圾丢给他,跑进校门。天渐暗,月光若现,她丝毫不怀疑,如果自己要月亮，陆一会为她摘。

～ 7 ～

林邵心很快被陆一治愈了，她又过上有恃无恐的日子，陆一每次出任务前，多紧急都会给她发个符号，不时还给她讲讲各种任务故事。

比如小男孩的头卡在了老虎笼里；老爷爷去世时，老奶奶执意取下戴了一生、早已嵌进肉里的戒指，一起下葬。再比如，铲雪的时候路过学校门口，望一望她的教室，冰凉的空气会瞬间温暖起来。

连老师都说林邵心不一样了，她像开始闪光的钻石，透出灵气，老师经常叫她去办公室，主动为她补习。

高考倒计时还剩下三十七天，班主任又喊她去办公室，林邵心捧着书，班主任突然问："你认识陆一吗？"

林邵心诧异地点点头，班主任推着她："快，听说他们出任务有挺多伤员，快去看看。"

"严重吗？"林邵心一路恍恍惚惚赶去，晌午并没什么人围观，她茫然地站在偌大嘈杂而混乱的现场，四周不少建筑被熏成黑色，后面有个黑红色的人影。

缓缓走上前，这次林邵心的眼泪砸在陆一绽开的皮肉里："没事就好。"陆一的手臂和面颊都受伤了，狼狈至极，但还有收尾工作，林邵心说完，回了趟家。

坐在窗口，天从明到暗，手机屏幕也在亮暗间交替，上面的消防员明眸皓齿，笑容让人醉倒一生。

陆一敲开林邵心的门，松口气："怎么不接电话？"

"今天真的吓到我了。"林邵心心有余悸地说道。

～ 8 ～

但林邵心知道，自己以为愈合的伤口又被震碎了，甚至比上次更深更大，更让她慌张。

她不想丢失自己，但有时明明陆一就在面前，她却惶恐无措地想，他有没有出事？林邵心再也不看新闻，失眠和贪睡交替。

陆一给她送饭，走在操场，林邵心偶尔会突然哭出来："这一切会消失吗？"她转过脸，陆一第一次拨开她的手。

"没发生的一切都还是未知数，"陆一掏出一张大表，"你最近成绩下降得很厉害，这样下去真的不行，校考你都耽误了……"

"那你能提前退伍吗？"林邵心的声音有些失控，"我一静下心就很担心，没法集中注意力。"

陆一猛地站住："要不，"他一咬牙，"我们别再联系了。"

林邵心诧异地猛抬起头，陆一已经跑出了几步，背着挥挥手，潇洒却透着仓皇疲惫。

没等林邵心追上去，上课铃打响，校门关闭。之后，林邵心真的找不到陆一了。

他不接电话也没有消息，林邵心去消防署，发现其实碰到消防员挺难的，更别说，能遇见她想见的人。

幸好他没叮嘱同事，林邵心至少能确认他的安危。但询问多了也不方便，林邵心开始怀念那些铺天盖地温柔的时光。

陆一向她走来，万物都亮了，他打开热气腾腾的饭盒，他笑，过马路时护她在里侧，对她说一不二。他威武的姿态渐渐融化、重合。

那时候城市里还能骑着自行车载人，他载自己去海边吃烤鱿鱼，在电玩城奋战一个下午，只为换只蒙奇奇给自己。

好多年了，林邵心想，自己一直被保护得那么好，直到他穿上军装。

～9～

世间事物大多不可得兼，想得到又怕失去可不行。

学校提前放假，但林邵心觉得家里空荡荡，依旧每天去教室复习。这天晌午，正强迫自己写试卷，耳边隐约听见训练的口号声。

林邵心终于忍无可忍，一拍桌子给陆一发语音，一开口就哽咽了，哭了个尽兴后，她神清气爽地开战："你混蛋，凭什么给我甜头又走掉，你……管你怎么样，反正都跟我没关系。"

她说不下去了，丢掉手机，过会儿忍不住捡起来，却没有任何消息。

都主动给他台阶下了，怎么还这样？林邵心想赌气再也不理他，又不舍得浪费一秒钟，干脆坐在消防署边上做题。

几辆消防车一同驶来，看样子任务不算太小，陆一走下车，迎上林邵心冷峻严肃的面孔，没来由地抖了下，又下意识想藏起受伤的胳膊。

林邵心抓过酒精和陆一的胳膊，一把按下去，伴随着惨叫声，她的笑容更深了："你是为了逼我接受吧？"

"我错了。"陆一嘶嘶哈哈地求饶，突然抬起头正色道："你还敬佩消防员这个职业吗？"

林邵心也正色："一直。"

天的蓝有点儿阴，像打翻的果汁，一切却似乎都好了。

林邵心终于敢再次幻想以后，就像手机屏上，哥哥林朗笑时她预想的那样。他负责奉献，未来退伍，她努力为他另起炉灶谋生，那自己也算半个英雄的幕后工作者了吧？

有的职业可贵又可悲，可惜她准备好一切，哥哥的殉职让一切温柔戛然而止。

她开始拒绝又渴望生活发的糖，热爱又厌恶伟大与奉献，直到在陆一身上找寻回相似的气息，一点点有了生活的底气，甚至更多更多。

林邵心收敛了手上的力道，其实得谢谢世间有这样的他。让她不能失去，大过于对意外的恐惧，让她开始不愿浪费一分一秒，及时爱，及时希望。

寒星归来晚

✤ 谢衿

 她和他想象中的不太一样，却恰恰是他喜欢的模样。

"气死我了！"

阮梨一把推开寝室门，双手叉腰，气急败坏地抱怨："怎么会有这种人呢？"

刚过八点，大学生多姿多彩的夜生活才刚刚开始，可沉迷养生的室友已经开始泡脚了，林漫捧着玉米须茶，悠悠抿了一口才接阮梨的话头。

"怎么了？你不是去图书馆了吗？"

阮梨听到图书馆三个字更来气，愤愤不平地开始讲解事情经过。

"我今天下午上完课，不是先去图书馆占座了吗？往那儿放了两本四级真题，我就去吃晚饭了。"

"然后呢？题被人偷了？"

四级真题本来也不是什么贵重物品，林漫没在意，低头又喝了口茶，可还没等咽下去，就听见阮梨无语至极的声音。

"不！"阮梨从背包里掏出真题，"唰"地展开，"题没丢，但题被人写了！"

林漫愣了好几秒，直到看清真题上的书写痕迹才反应过来发生了什么，没忍住一口茶喷了出来，笑得不可自抑。

网上都说，大学里最容易丢的是外卖和雨伞，手机、平板随手放教室和图书馆里没人要，寝室楼下的外卖和雨天的雨伞却总是消失不见。

阮梨今年大四，没丢过一次外卖，也从没丢过雨伞，以前还觉得那话说得太夸张，结果转头就遇见了这么离谱的事。

更让人来气的是——阮梨英语奇差，周围同学四级基本都过了，只有她大四了还在孤军奋战，每次做完题核对答案，正确率都惨不忍睹。而在她去食堂吃饭的一个小时里，那个小贼偷写了她一套真题，正确率居然高达百分之九十。

有这能耐，还偷写别人的题？

阮梨气鼓鼓地坐在位子上，林漫在一旁笑得眼泪都出来了，乐子捡够了才给她出主意："图书馆有监控吧，你去找值班老师问问，能不能给你看哈哈哈哈……"

林漫说着又没忍住笑起来，阮梨却恍然大悟，刚才只觉得这事实在离谱，完全忘记了图书馆还有监控。

阮梨跑到图书馆和值班老师一说，老师也哭笑不得，但还是给阮梨看了。

偷写她题的是个穿条纹衬衫的男生，图书馆的桌子都一样，值班老师推测："他是不是错把你的题给写了？"

可这明显说不通。

桌子是都长得一样不易分辨，可桌上摆的个人物品又不同，更何况阮梨走后，那男生从书架后面出来还朝她离开的方向看了一眼，才优哉游哉地去她位置坐下的。

摄像头角度问题没拍到男生的脸，阮梨正想问问那一片还有没有别的摄像头，抬头却刚好瞧见了视频里的那件条纹衬衫从值班办公室门口悠然飘过。

男生被人从后面拍了肩膀却丝毫不惊，像是早有预料般，悠悠地转过身来。

带条纹的衣服很考验身材，稍不注意就容易穿出虎背熊腰的效果，可在眼前的人身上却显得他整个人清俊又挺拔，图书馆大厅明亮的灯光打在那张俊脸上，衬得五官深邃又立体。

阮梨愣了一秒，随即更加愤怒："又是你，负心汉！"

阮梨有一段不为人知的网恋。

那还是在大一的时候，杰出校友回学校开讲座，宣传一款名为《山河入梦》的网游，阮梨在现场被发了一张传单，本着支持学长事业的心当晚就入了坑。

可她实在没有玩游戏的天赋，只知道任务栏里有什么就点什么，玩了大半年，游戏等级倒是噌噌往上涨，经验修为却比同等级的其他人低了一大截。

这就导致她打副本的时候总是被人嫌弃，遇到夜染星寒那天也是如此。

"这修为是来躺的吧？"

"真是人有多大胆，地有多大产。"

……

队伍频道里众人七嘴八舌，阮梨气闷想反驳，奈何没有实力，正准备有点骨气自己退队，就见有人替她出头。

夜染星寒："人家是修为低，可你们自己说的随便来，来了又这么多废话。"

夜染星寒："那我修为是你的两倍还多，我算不算出了两个人的力？"

夜染星寒："行了，懒得吵架，今天你们好好看着，我一个人打。"

阮梨头一遭被陌生人维护，觉得感动的同时又担心大神翻车，刚准备去看看大神的资料，就收到了私信："别怕，看我的。"

短短五个字，仿佛一道暖流在阮梨心头缓缓淌过。

那天夜染星寒单挑了所有的副本boss，让众人心服口服的同时，还非常大气地放弃了所有的副本奖励，给阮梨狠狠出了一口气。

副本结束后，阮梨去道谢，夜染星寒还反过来安慰她："没事，我就是见不得他们瞧不起人，我也是一个人打游戏，以后要不要一起？"

他们由此相识，那之后夜染星寒再打副本的时候，只要阮梨在线，总会喊上她。两个人渐渐熟络起来，不久后七夕节，《山河入梦》更新了情缘系统，他们还在游戏里结成了侠侣。每天一起做日常任务，吵吵闹闹地装修游戏里的家园，好像真的经营了一个家；一起打副本，夜染星寒总是冲在前面，让阮梨躲在后面白捡经验。

玩了一年多的游戏，阮梨第一次体会到被人罩着的感觉，她渐渐沉溺其中，觉得自己真的谈了一场恋爱。

直到那天打副本，突然有个叫凉笙的玩家加了进来，入队就开始骂人。

阮梨从她的咒骂中拼凑出了事情大概：这位凉笙之前和夜染星寒是情侣，两人甚至还发展到在现实中交往了，可这个夜染星寒却是位实打实的渣男，不仅在游戏里勾三搭四，还骗小姐姐的钱，被小姐姐发现后，又倒打一耙说小姐姐拜金，两人不欢而散，最终双双退游。

小姐姐近日偶然上游戏，发现互联网果然是没有记忆的，这位渣男只换了个游戏昵称，便又用同一个套路找上了阮梨。

阮梨和夜染星寒相处了这么久，本能地觉得对方不是那样的人。

她发消息求证，夜染星寒却不回应，反倒是凉笙看她不信，一股脑地将之前保存的聊天记录、转账截图发了出来。

阮梨还没从大批的证据里回过神，夜染星寒就一言不发地下线跑了。

都说网恋不靠谱，阮梨那一刻才真真切切地体会到，相信一个面都没见过的陌生人的自己是多么不靠谱。

从那以后，阮梨再也没上过线，可偏偏她和夜染星寒孽缘还不浅。

昭川大学每个学期都有公共选修课，好多不同系的人混在一起，偌大的阶梯教室总是挤得满满当当。那天快下课的时候，阮梨听到前排男生揶揄的声音："这都多久了？还没找到你那失联的小媳妇？"

她好奇地抬头，坐她右前方的男生恰好也转头看向身边说话的人，露出半张清俊好看的侧脸："你瞎说什么呢？"

阮梨的视线一路向下，可等看清了男生手机里的游戏画面，整个人都愣住了。

那个游戏界面阮梨熟悉得不能再熟悉，更何况还有界面上的人。绿衣女子站在姻缘庙前，身上像是有一层灰色的雾，那是玩家不在线的状态，而旁边的白衣侠客，长袍飞舞，手里握了一把泛着金光的剑，也同样是她所熟悉的模样。

老师说了下课，男生利索地退出游戏，返回登录界面时硕大的游戏昵称——夜染星寒落入阮梨眼底，她久久回不过神来。

直到男生走出教室，旁边的林漫才悠悠开口："外语学院的大才子，好看吗？"

阮梨回过头，林漫拍拍她的肩膀："别想了，付星寒号称昭川大学少女杀手，不知道拒绝了多少表白，而且据说家世显赫，一毕业就要出国深造的。"

林漫这话显然就是误会她看上人家了，阮梨欲哭无泪。

付星寒的名号她当然是听过的，外语学院鼎鼎有名的大才子，学校论坛里公认的校草，除了家世好、长得帅、成绩优异，听说性格也不错。阮梨学市场营销，和这位大才子没有任何交集，之所以能记得这号人，是当年校草评选时她和林漫开玩笑，说这位大才子的名字听起来不像好人。

付星寒，负心汉。

没想到，开个玩笑也能一语成谶。

干坏事的虽然是付星寒，可阮梨更怕被人知道自己和渣男网恋丢脸，一到选修课都躲着付星寒走，立志要将所有事情留在游戏里，偏偏天不遂人愿。

没过几天阮梨收到学校快递驿站的短信，说她收到了一个包裹。阮梨没想起来自己买过东西，领到包裹便在驿站门口拆开了。等看清盒子里装着《山河入梦》的NPC手办，她才想起来当初和夜染星寒一起打过竞赛，奖品就是游戏人物手办。

大抵因为要等获奖人选了自己想要的角色才开始定做，这份奖品便足足迟了好几个月。

阮梨心中警铃大作，她收到了短信，那付星寒肯定也收到了，她端起盒子想离开，结果起身便撞上了人，快递盒子没抱稳脱了手，连着里面的东西也掉在地上。

"抱歉，不好意思啊。"

那人一边道歉，一边蹲下身捡东西，阮梨眼睁睁看着付星寒拿起游戏官方附在快递里面的感谢信，当头正是一串大字——"亲爱的玩家梨花雪……"

阮梨眼前一黑。

付星寒攥着信纸也愣了两秒，抬头望向她时，眼底满是惊喜："梨花雪？"

"我不是！你认错人了！"

阮梨像一只炸了毛的猫，抄起快递盒转头就跑。

付星寒愣神间没能拦住人，可阮梨欲盖弥彰的态度却坐实了自己的身份。

从那天起，付星寒就缠上了阮梨。

每次校园里遇见了，付星寒总想凑上来说点什么，阮梨每次远远看到他就毫不犹豫地转头跑路，可选修课结课考试却躲不掉。

阮梨同林漫交了卷子一出教室，就看到付星寒堵在那儿。

翩翩少年长身玉立，倚在墙边本是好风景，阮梨却觉得闹心至极，她转头想从另一边走，又被付星寒拦住。

"你怎么一见我就跑，躲瘟神啊？"

阮梨心说你还有这觉悟，点头肯定。

旁边的林漫没忍住笑出声，付星寒反应过来无奈苦笑："游戏里的事情是个误会，我根本不认识那个凉笙……"

阮梨想到他当初一言不发地下线就来气："我给过你机会的，可你什么都没跟我说。"

"我那天有事在忙,游戏是挂机状态,下线是因为断网了……"

阮梨觉得他在糊弄她。所谓吃一堑长一智,她已经不想和付星寒扯上任何关系了。

或者,与其说她是害怕被人知道她和渣男网恋丢脸,不如说那时候她是真的动了心,那是第一个,也是唯一一个在游戏里维护她的人啊,那些相伴的日日夜夜里,顶着梨花雪这个游戏人物和他完成的每一个任务、说的每一句话,付出的都是阮梨的心血。

人生第一次动心,却有那么不好的结局。

付星寒还想说什么,阮梨却不想听了:"误会也好,事实也罢,对我来说没有意义了。你也可以放心,游戏里的事情我不会拿到现实里来说坏你名声,也请你不要缠着我了。"

阮梨以为话说到这个份上,她手上也算有付星寒的把柄,付星寒总该知情识趣地离她远点,结果大四开学第一周,这厮就上赶着来给她添堵。

"死负心汉,你到底想干什么?"阮梨抓着付星寒就要一个说法。

"我想跟你解释清楚事情经过,可你躲着我,我只能用这种方法了。"

付星寒抬手攥住她的手腕,阮梨看着他认真的神色,心底开始动摇。

晚上失眠至凌晨,阮梨没忍住将游戏下载了回来,一登录进去,消息提示响个不停,全是付星寒发来的。

从解释他不认识那个凉笙,到承认他游戏账号是懒得升级从闲鱼上买来的,包括闲鱼的交易记录和卖家的聊天截图,甚至还有和凉笙的对质经过,那么骄傲的一个人,卑微地请求凉笙来和她解释清楚。

可那时候,阮梨早已卸载了游戏,什么都没看到。

阮梨心里五味杂陈,付星寒深夜居然还在游戏里等她,这会儿又发来消息:"现在你总该相信我了吧?"

话里话外透着的委屈让阮梨觉得好笑:"我相不相信有那么重要吗?"

"当然了,"付星寒毫不犹豫,"在你眼里我是个什么样的人,这很重要。"

第二天一早,阮梨照常去图书馆自习,付星寒照常凑上来。

他拉开阮梨对面的椅子刚要坐下,便听见阮梨的质问:"你居然还敢来?"

付星寒警惕道:"咱们误会不都解开了吗?"

阮梨好整以暇地看着他:"但这不是你偷写我四级题的理由。"

付星寒对上阮梨的眼神,笑着哄骗:"不就一套四级题嘛,有我在,包你过四级!"

"真的?"

付星寒保证:"当然,你想想我是哪个学院的?"

外语学院,大才子。

看着付星寒自信满满的模样，阮梨心底也升起了一丝希望，直到那套英语听力放了第三遍——

　　"感觉如何？"

　　付星寒按下暂停键，满目希冀地看向阮梨，阮梨心里升起一丝羞愧，却还是选择实话实说："感觉就是……有些话，只说给懂的人听。"

　　阮梨英语奇差无比，初中刚学那会儿比较简单，她还能勉强考个百十来分，可是随着难度递增，高中150的满分她连一半都考不到。高考时拼死拼活，英语也只考了80分，全靠语文和数学提分，加上报志愿时选择了专业调剂，阮梨才能勉强挤进昭川大学。

　　"我第一次考四级的时候，成绩都不显示的。"

　　英语四级满分710分，425分算通过，而220分以下的不显示，阮梨轻飘飘一句话，仿佛一座大山压在了付星寒肩膀上。

　　这场学习辅导，变成了对两个人的折磨。

　　付星寒尽心尽力地给阮梨制订了学习计划，两人经常在图书馆一待就是一天，不过让阮梨最痛苦的不是背了单词后，付星寒还要听写；也不是阅读理解通篇下来全错时，付星寒欲言又止的神色；而是付星寒为了培养她的英语语感，非要带着她看没有中文翻译的外国电影。

　　经常是画面里的人叽里咕噜说一大串，阮梨一句也听不懂，整场电影下来，只能根据人物的动作和表情，连猜带蒙拼凑出电影到底讲了些什么。

　　付星寒发现后，觉得纯看电影对阮梨没有任何作用，于是经常喜欢在某一处停下来，问阮梨字幕上的英文是什么意思。

　　阮梨刚开始的时候什么都不知道，后面背的单词起了点效果，能大概猜出一些，但还是会闹笑话。

　　那天付星寒带着她看《星际穿越》，正好到了精彩的地方，付星寒又是一个暂停，屏幕上是那句——"Love is the one thing that transcends time and space."

　　阮梨支支吾吾："爱是一件……那个时间、空间……"

　　偏偏最要紧的那个单词不认识，付星寒无奈，温声道："这句话的意思是'爱是唯一可以超越时间和空间的事物。'"

　　明明只是一句电影里的台词，却又像极了她和付星寒的故事，从游戏到现实的延伸。阮梨对上付星寒的眼神，心跳忽然加速，慌忙地移开目光。

　　付星寒也恍了神，好半天才关了暂停。

　　时间一晃而过，阮梨考四级那天是个阴天，出宿舍楼看到付星寒的时候，阮梨有些意外："你怎么来了？"

　　"来给你蹭运气。"

　　付星寒伸出右手，笑着道："我四六级都是一次性高分通过的，给你握一下考神的手。"

　　"迷信。"嘴上嫌弃，手却诚实地握了上去，付星寒不知道等在这多久了，零下的天，一双手冻得冰凉冰凉的。

　　阮梨抬头去看，对上付星寒眼底的温

柔:"加油啊!"

英语四级出成绩那天恰好是元宵节,阮梨考了 432 分。

看到成绩的那一刻,阮梨自己都不敢相信,她第一时间和付星寒分享了这个好消息,可付星寒却直到晚上才回复她,只有两个字:"恭喜。"

阮梨看着聊天界面打打删删半天,最后想起付星寒也是昭川本地人,便问他:"听说今晚中心广场有烟花表演,要不要去看?"

付星寒到的时候,看到的便是阮梨捧着两个烤红薯,蹲在路边同卖烤红薯的大爷唠嗑,她穿着一身带毛领的羽绒服,一张小脸陷在长长的绒毛里,不知道大爷说了什么,她笑得前仰后合,付星寒远远看着,忽然觉得这一晚上的郁闷散了点。

"不是说有烟花表演吗?"

阮梨闻声抬头,她脸上的笑意还没收,周围灯光落入她眼底,像是一片广袤无垠的夜空,付星寒有一瞬间的愣怔,阮梨站起来:"今年天那么干,谁准你放烟花啊?"

她将烤红薯递过来:"吃个红薯吧。"

两人找了个路边没人的长椅,阮梨看着付星寒沉默地吃下大半,终于开口:"都说吃甜的可以调节心情,你心情好点没有?"

付星寒剥红薯的手一顿:"你怎么知道我心情不好?"

"你那冷冷淡淡的两个字,从头到尾都透露着你心情不佳的讯息好吗?"

付星寒看着她得意的小表情,故意逗她:"你考英语四级时要有这么聪慧敏锐,大概能考五百分。"

谁知平时一点就炸的阮梨却没跟他计较,反倒是眼睛滴溜溜一转,语气神秘兮兮:"刚刚卖烤红薯的大爷给我讲了个笑话,我却觉得是至理名言,你想知道吗?"

"什么?"

"问:中国人有哪一句话,一说出来就可以缓和所有矛盾?"

付星寒拧着眉想了半天,也没想到能有什么至理名言有这种效果,疑惑道:"有这么神奇的话吗?"

阮梨得意地笑:"当然有,这句话就是——'大过年的!'"

付星寒愣了两秒,反应过来没忍住笑起来。

阮梨在一旁激动地抓着他的袖子道:"是不是?这句话是不是很神奇?"

"是是。"

寒风凛冽,两个人就那么坐在街边傻里傻气地笑了半天,最后阮梨起身摆手道:"不行,我得回家了,再晚没公交车了。"

两人道了别,付星寒看着她走远的背影,又忽然开口叫住她:"阮梨,你将来想干什么?"

这话题来得莫名其妙,阮梨愣了一会儿,随即道:"毕业、工作、挣大钱。"

付星寒闻言没忍住笑起来,阮梨觉得他在嘲笑自己,有点不乐意:"你呢?你又有什么伟大的梦想?"

付星寒有一瞬间的迟疑，最后慢慢道："我想成为一名外交官。"

阮梨听到这个答案并不意外，之前在图书馆的时候，她就曾无意中在付星寒电脑上看到过国外各种学校的相关资料。

付星寒应该会出国吧。

这个念头从心底升起的时候，阮梨有一丝慌乱，但很快被她压下去，她笑起来，真心实意地祝福："那祝你早日成功！"

过了年后回学校，就已经是大学的尾声了，阮梨忙着准备论文答辩，和付星寒也没有正经见上几面。一直到通过论文答辩那天，付星寒邀请阮梨作为自己舞伴，参加外语学院的毕业舞会。

阮梨以为就是一群人吃吃喝喝聊聊天，结果宴会过半，有个女生在众人的起哄里被推到舞台上表演节目，跳了一段探戈。

一舞结束，阮梨跟着鼓掌，悄声问付星寒："你在你们系里人缘好吗？"

付星寒不明所以："还行。"

"先说好啊，待会儿要是你被人起哄推上去，我只会给你丢脸。"

付星寒闻言轻笑："那我们躲角落里去吧。"

两个人正准备往后退，结果有个女生直接看向了付星寒："大学四年都没有跟你说上几句话，临近毕业，可以邀请你跳一支舞吗？"

付星寒下意识地看向阮梨，阮梨愣了两秒，忍不住勾起唇角："看我做什么？你的舞伴很大度的！"

她说着便将付星寒推出去了，然后混在人群里，看着付星寒和那个女生跳了一段浪漫的华尔兹。

阮梨大概永远都会记得那一天，付星寒一身黑色的西装，抓了头发，配了领结，灯光下剑眉星目，英俊优雅得像个王子。

晚会结束后，付星寒送阮梨回宿舍，两个人安静地走在校园里，阮梨看着付星寒心事重重的模样停住了脚步，付星寒却不知不觉走出去好大一截，直到阮梨喊住他。

夜晚的小道上，隔几步便会有一盏昏黄的路灯，付星寒刚好站在其中一盏路灯下，光影洒落，在地上勾勒出他的身形。

而阮梨站在路灯与路灯的中间，正是整条路上最暗的那一段，她望了许久，扬起笑容："付星寒，我喜欢你。"

时间仿佛在这一刻静止，夜风划过树梢传来飒飒声响，却快不过付星寒的心跳。他满眼欣喜，怔然望着阮梨，阮梨没忍住笑起来："那付星寒，你喜欢我吗？"

付星寒回过神来，眼底是化不开的温柔："喜欢的。"

怎么会不喜欢呢？早在游戏里的时候，他就幻想着屏幕的那一端是个怎样的女孩。因为误会把她弄丢了的时候，他像是弄丢了全世界，费尽心思地要把她找回来。

然后，他看到了一个明媚、张扬的阮梨，她能察觉他所有的不开心，她会给他讲笑话，斗嘴输了会凶巴巴地假装生气，可总是一句话就能哄好。

她和他想象中的不太一样，却恰恰是

他喜欢的模样。

阮梨点点头:"那就好!"

她说着便抬脚跑过去,踏着所有的光亮和阴影来到付星寒的面前,一把抱住了他。

付星寒猝不及防地被她紧紧拥住,心跳漏了半拍,紧接着听到她的声音:"但是……我们就走到这里吧。"

他慌乱地抬起手,可阮梨似有所觉,迅速退开。

一下子抓了个空,付星寒难得地慌乱起来:"阮梨,其实我可以……"

"不可以!"

尽管是没说完的一句话,阮梨却还是猜到了,她感动地笑起来:"付星寒,没有人值得你放弃自己的人生,我也不行,我承担不了一个人的未来。"

话音落下,付星寒也终于明白了那句告白的含义。

那是释怀,是祝愿,更是告别。

他想斥责阮梨残忍,可更想骂自己卑鄙。出国留学是早在遇见阮梨之前就决定好的事,成为一名外交官也是他从小到大的梦想,他不想错过阮梨,也不甘放弃梦想,所以一直摇摆不定。

偏偏阮梨看似大大咧咧,却心细如发,通透又成熟,一眼看穿了他所有的挣扎,上来就帮他做了最有利的决定。

他执拗地望着阮梨,阮梨却仍旧轻声道:"付星寒,你一定要成为最优秀的外交官!"

就这样吧。

我不用你明明会跳舞,却要委屈自己,敛了光芒陪着我退到角落,我会如刚才一般,踏碎光影、越过山川来拥抱你。

付星寒,我们都各自沿着自己的人生轨道,往前走。

跌跌撞撞,走到再相逢的那一刻。

若是走不到,那也没关系。

我依然祝你前程似锦,光芒万丈。

8

付星寒离开的那天,阮梨没有去送他,她同之前面试的一家公司签了合同,开始了毕业后的第一份工作。

第一天入职,她忙着适应环境、忙着消化工作内容,直到下班走出公司大楼,才想起付星寒是在今天去英国。

他们按照约定好的,删除了彼此的联系方式,可阮梨不死心,看了所有的社交软件不算,又将手机自动拦截的垃圾电话和短信都翻了一遍,才确定付星寒是真的没给她留下任何只言片语。

"小气鬼!"

她嘀嘀咕咕地抱怨完,却又觉得这样也很好。

话未尽,曲未终,故人才有相见时。

夕阳西斜,在天际晕染出一片绚烂的晚霞,阮梨趴在天桥的栏杆上,看着下方络绎不绝的车子发呆,直到暮色四起,有一架飞机从远方天幕滑过,飞机灯在昏暗的天幕里闪闪发光,她才笑起来。

"付星寒,再见啦!"

会再见的吧,在未来的某一天,在我们都找到更好的自己的时候。

凛冬吻暮雪

谢谢你，赠我一场空欢喜。

你不需要我来为你加冕,
这些衣服就是你的勋章。

霓光记

✽ 孟一柯

① /隐匿的悲伤/

晚上七点,苏云起约妹妹苏云嘉一起去经常光顾的餐厅吃晚餐,难得苏云嘉没有迟到,穿着一条月牙白的雪纺长裙,层层叠叠,掩映着小小的面孔。

坐定后她便伸手来抢苏云起手中的菜单:"哥,我今天必须得吃份牛排了。"

下个月的时装周她要走秀,目前确定的安排已有六场,为此,苏云嘉已经节食饿了半个月,以求在T台上有最佳表现。

她答应了今天与哥哥吃晚餐,因此白天几乎没有进食,这家餐厅的肉眼做得很好,她有自己的私心,想着趁此一饱口福。

也许是动作稍微大了一些,在拿取菜单的时候,苏云嘉不小心带到了苏云起手边的另一本册子,并不是酒水单,她无声地瞄了一眼,只一眼便看得清清楚楚。

那是一本当下最顶尖时尚杂志的新刊,封面人物没有按惯例使用女明星的硬照,而是现今一位最炙手可热的服装设计师。全黑的背景,封面上的男人只露出一张侧脸。

苏云嘉悄悄地观察了一下哥哥的眼神,小心翼翼地说:"……你看过啦?"

苏云起轻蔑地"嗯"了一句:"居然有记者去做了这个人的专访。"

苏云嘉的眼神在那封面上很快扫过,然后问:"到底采访到什么了呢?"

苏云起已经先点了餐前酒,他晃了晃酒杯,低声说:"记者问他,最喜欢的设计师是谁。他的回答是山本耀司……"

隔了好一会儿,又加了一句,仿佛是不甘心:"不是我们的爸爸。"

苏云嘉听了这话,仿佛确认了什么,心里不由得松了一口气。他们这些人其实早就心知肚明,苏家与那个人之间,早已有道无法逾越的沟壑。即使曾经他们拥有过那么亲密无间的时刻,但那些过往早已成为清风明月般遥远的东西,他们可以确信,此生再无法与陈开远共坐一桌,举起酒杯,敬虚缈的昨日,敬璀璨的明天。

是的,那个人便是陈开远,当下时尚界最炙手可热的设计师,履历漂亮,才华横溢,同时私生活低调,坊间关于他的传闻八卦很少。兄妹俩心照不宣地没有再说起陈开远。

尽管饥肠辘辘,但苏云嘉还是敬业地没有吃肉眼,她要了一块牛柳,煎至半熟,端上来只有半个巴掌大小,她毫不犹豫地切去一半分给苏云起:"唉,我还是不敢吃整块,今年走完后我就退掉啦,然后我们去度假吧,到时候我肯定要过足了瘾!"

苏云嘉满脸的坚定让苏云起想起就在前不久,一位朋友偶然对他说:"明明你的条件那么好,可以轻易地去吃时尚那碗饭,为什么却跑来辛苦地经商?"

苏云起在那一瞬间想起妹妹,和她这些年那隐匿起的悲伤:"时尚那碗饭也并不好吃,而且我们家已经献祭了两名成员出去了,就让我侥幸逃掉吧。"

❷ 眼底的雾气

苏云嘉二十五岁的时候,陈开远发现她的眼底开始汪着雾气,在此前苏云嘉是个留着赫本头的T台小仙女,仙女是什么样?当然是熠熠放光的,是眼神清澈洁净不染尘埃的。

眼中含着雾气的苏云嘉在时装周的大秀后倚靠在秀场外的墙角吸烟,她的脸上还是不久前走秀时的妆容,眉尾画得很长,深绿色的眼影,唇色却是清淡的玫瑰粉,有一点朋克,又有些柔丽。

秀场附近总会徘徊着一些摄影师和记者,苏云嘉早已习惯了镜头和闪光灯,她把烟灰轻轻地弹到从化妆师那随手拿来的空瓶里,然后对斜后方正在佯装打电话的墨镜男子挥了下手。

陈开远知道已被她识破,原本他正倚在一根罗马柱上,即刻恢复了身姿,挺直而立,在他向自己走来的这一小段时间里,苏云嘉目不转睛地盯了他很久。

杂志封面只拍出了这个人千百分之一的神气,他高大,挺拔,墨镜背后的眼神里有一种很持久的傲慢与轻狂,她曾经跟他说过,他的侧脸很好看,但正脸看起来会很严肃。

这张脸,她曾经看过很久很久,所以自然可以轻易地辨认。

"阿苏。"他低低地叫她,像一位密友。

这时,有一位同行经过,她刚和苏云嘉一起走秀,北欧人,冷白皮,是个十八岁的小姑娘,她用英语和苏云嘉打招呼,然后看到她对面站着的陈开远,顿时激动地捂住了嘴巴。

苏云嘉对陈开远说:"也许人家是真的很喜欢你,你们合张影吧!"

陈开远没有接受她的提议,最后只是敷衍地进行了一个礼貌式的拥抱,同行心满意足地离开。

等他回过神来,发现苏云嘉正用一种审视的目光看着他:"过去我没发现,你居然比超模还高。"

"我一直比你高。"他静静地说。这是

九月的意大利，晚风中都飘荡着热闹、沉醉的因子，陈开远穿着浅卡其的衬衫，黑色的亚麻长裤露着一小截脚踝，看起来优雅而性感。

"阿苏，后天，我的秀场，来走秀吧？"

苏云嘉定住了，仿佛幻听似的，表情很疑惑。

陈开远说："我知道你决定退了，我不想有遗憾，所以来这里找你，请你为我走一场。"

苏云嘉轻轻摇头："对不起，我办不到。"

他的眸子明显暗淡下去，终究还是不死心地问："为什么？"

"为什么？"她重复了一句，有些讥讽，"因为啊……你害死我爸爸。"

/青葱的少年/

苏云嘉出道那年，只有十六岁，是空降型选手，资源一流，红得很快。那时候一线的超模很少有东方面孔，她是个混血儿，黑头发，五官精致，接受中文访问时说一口京腔，第一句话往往是笑着说的，"嗨，我是阿苏"。

她是个幸运儿，生得好，父亲是鼎鼎有名的高定设计师 Eli，伊莱。英国人伊莱的家族靠做高定发家，品牌的忠诚度很高，一直有很多来自上流社会的固定客人。

伊莱三十岁那年在香港遇见苏毓晚，此后，这个女子成为他一生的缪斯。他们婚后生活相当幸福，陆续便有了苏云起、苏云嘉两个孩子。

苏云嘉九岁那年春天，父母二人回了一趟中国，回来时带回一个男孩。

苏云起先在客厅看到，随后拉着妹妹到花园里小声地议论："听说那个人将生活在我们家，你说，他会不会是我们妈妈之前在国内的私生子？"

他们一直接受西式教育，对"收养"这件事毫不陌生，苏云嘉捂着嘴偷笑："管他呢，起码现在你不用天天拉着我陪你打网球啦！"

那男孩便是陈开远，那年他刚满十三岁，长手长腿，眉眼间已经是青葱的少年模样。

断断续续地，苏毓晚和兄妹俩交代了这位家庭新成员的故事，他是苏毓晚挚友的孩子，父母在大学里做科研，他们一家三口曾经非常幸福。后来，陈开远的父母在赴海外研究的中途不幸遭遇海啸遇难，留下独子一人，变成孤儿。

苏毓晚是在与丈夫回中国奔丧期间下决心要收养这个男孩的，陈开远在国内的亲戚并不多，他父母工作一直很忙，疏于亲友间的来往，葬礼后，陈开远成为家族成员都不愿意接手的烫手山芋。

讲到这里，苏毓晚对苏云起说："你爸爸比我更坚定要把他带回来，伊莱去了领事馆，花了很多力气，才把收养的一系列手续办妥。"

"爸爸为什么要这样做？"

苏毓晚笑了，她慵懒地倚靠在天鹅绒沙发一角，像是在思索："也许是你们男人之间……特有的惺惺相惜？"

"我觉得他是爸爸挑选的继承人。"苏云嘉赤脚跳上沙发，躺靠在妈妈腰间，"谁让大哥对做衣服不感兴趣呢！"说完，她想起陈开远的脸，他们第一次见面的时候，她处于暗处,悄悄地躲在墙角探头看他。

他的眼睛很黑,瞳仁晶亮,神情有一些悲伤。小女孩不知道为什么,在那一瞬间被这种悲伤感染,莫名地有些难过,她慢慢地垂下眼睛,却不经意地看到男生的手,他的手指苍白、瘦削、修长。

/ 灼人的符号 /

时装周期间,设计师们忙得连轴转是惯例,陈开远已经连续七十二小时不眠不休了,凌晨一点钟,他把助理赶回去休息,自己继续泡在工作室里。

助理 Cathy 刚上的士,收到陈开远的短信,列了几样天亮需要带给他的东西,大多是一些生活用品,最后两项依旧不变:香槟、猫罐头。

Cathy 已经和陈开远合作了三年,知道他并不养猫,却几年如一日地喂养着工作室周遭的流浪猫们。

工作不太忙的时候,陈开远会倒一杯香槟,一边看着猫津津有味地吃着罐头,一边喝一点香槟。在旁人看来,这是他难得的放松时刻,他甚至会过去轻轻地抚摸猫咪的脑袋,干净的指尖摩挲着柔软的猫毛,充满怜惜。

"好想做那些猫哦。"工作室的女孩子经常会在私下打趣。

做他指下的猫并非好事,Cathy 想到,现在的陈开远,已经没有任何去给予爱的能力,他身体中关于爱的能力,其实在很久以前,就已经被耗尽了。

凌晨三点,陈开远完成了手上的作品,如果可能,它将出现在这一季陈开远自主品牌的秀场上,这件衣服他断断续续做了两年,其间易稿数次,也做出过成品,却因为不是他最终想要的模样而被否定。

衣服是为苏云嘉量身打造的,但就在几个小时前,她拒绝了他。

当下的模特圈,敢斩钉截铁地拒绝陈开远邀约的模特,似乎只有她一个人。

到底是伊莱的女儿,陈开远看着眼前的衣服想到,苏云嘉从小在锦衣华服堆里长大,那些秀场的美艳超模们对她来说,也只是寻常的姐姐与阿姨,再隆重华美的舞台,再石破天惊的设计,她都已经见识过了,她当然可以对这些表示不在意。

陈开远知道苏云嘉恨他。当年伊莱离世,他作为家庭的一员,并没有参加葬礼,媒体铺天盖地地报道了这件事,杜撰出无数个隐情的版本,但陈开远始终沉默,他没有出面澄清,没有在随后的作品里致敬,也没有发表任何致哀的言语,他像一个灼人且不合时宜的符号,主动退离了那场盛大的哀伤。

他是在报纸上看到伊莱的两个孩子的,那是他少年时代的伙伴们,曾经他们那么神气、快乐,而现在却在瑟瑟寒风中红肿着眼睛裹进黑色的大衣里。

他们同曾经的他一样,成了孤儿,仿佛被世界抛弃。

/ 老旧的奔驰 /

早上七点,苏云起被管家的敲门声吵醒,他愠怒地打开门,不明白向来温驯的老管家为什么会破例惊扰他。

"是陈先生,他来了。"

苏云起扶着门沿的手倏地一僵。

陈开远已经很久没来这幢老宅了，伊莱去世之后，他与苏家兄妹心照不宣地断联了，后来苏云嘉也搬出去独居，这处曾经热闹的别墅，渐渐变得沉静，蛰居一隅。

陈开远依旧开着他那辆老旧的黑色奔驰，这辆车是很久以前伊莱买来送给苏毓晚的礼物，后来苏毓晚生病，开得很少，孩子们也渐渐长大，偶尔也会从车库里将车开出去兜风。

苏云起记得，小妹曾经开着它去参加party，其间喝了酒，打电话让哥哥去接，后来去的是陈开远，深夜里他载她回来途中不小心擦了车。苏毓晚知道后安慰了陈开远好久，最后还把车送给他开。

再后来，苏毓晚的病情恶化，伊莱天天守在医院陪她，头发朝夕之间白了大半。

苏毓晚葬礼的那天，陈开远开着这辆车，载着其他三位家庭成员一起去墓园，那天是个阴天，墓园尽头的天空暗沉如墨，不时有寒鸦飞过。他们在碑前长久地沉默地伫立，各自吞咽那浓得化不开的悲伤。

此时，陈开远正坐在院中，背靠着车子的前轮，他满脸倦容，但眼神依旧很清醒。苏云起披着睡袍走近他身前，并没有问来由："阿苏早搬出去住了。"

"我知道。"陈开远说，他支起一条腿，却没有即刻起身，"我今天来，是想请你把这件衣服转交给她。"

说完，他以手撑地再次尝试站起来，却还是没使上劲。

两个男人就那么僵持了一会儿，苏云起居高临下地看着他，想到上个月自己翻着关于他的杂志心里泛起的怒气。而此时陈开远低着头，手指发力往下嵌了嵌。

"哥，我好像站不起来了……"话音刚落，苏云起的唇角忍不住勾了一下。这是陈开远很少见的示弱时刻，苏云起上一次见到他这样还是好多年前，陈开远刚刚加入这个家庭，尚且是旱鸭子的他被苏云嘉推进游泳池，他在宽阔的水池里上上下下扑打了很久，直到奄奄一息之际，才对着岸边的苏云起求救。

苏毓晚去世前曾与三个孩子谈过："理解与爱是很难的事情，但我希望你们能够有幸拥有这些能力。"

确实是很难，苏云起犹疑片刻，最终还是俯下身将陈开远扶了起来。

他当然知道这位设计师超负荷的工作量，陈开远从来都比他苏云起更像是伊莱的亲骨肉，他身上的专注、追索、孜孜不倦，都与伊莱如出一辙。

陈开远站定后缓了缓，脸上的脆弱感慢慢褪去，他从车子后座取出一件包装好的成衣，交到苏云起手中。

衣服已经用带有他品牌 logo 的衣罩罩好，很重工的一件作品，似乎是件礼服。

苏云起已经将缘由猜到了七七八八，他笃定道："我帮不了你，阿苏很固执的，她不会愿意的。"

"不愿意也没关系，就当是送她的礼物。"陈开远缓慢说道，"总有一天，她会拥有穿这件衣服的时刻。"

❻ 后台的合影

陈开远离开的时候，苏云起拿给他一

个盒子："阿苏搬出去前整理了一些东西，说不想带走让我帮她保管。我稍微翻了翻，估计她是不想要了，又舍不得丢。你拿走吧！"

回程途中，他停下车打开了那个盒子，盒子不大，里面放着很多女孩子喜欢的东西，波点蝴蝶结，成人礼那天穿着礼服的照片……最下面放着一个相框，相框里的照片是一张合影。

那张照片来自很久以前，陈开远记得那年自己刚刚创立了自主品牌，苏毓晚尚在病中，但一家人都很高兴，伊莱难得如此兴奋，亲自出马为他办了一场发布会，帮品牌造势。

在陈开远的坚持下，那次他的个人首秀规模并不大，但座上宾客都是圈内名流，其间安排了看秀的环节，按照惯例，每场秀在尾声处，都由设计师上台做最后的谢幕。他在后台紧张得手心出了汗，莫名地抗拒。

这时苏云嘉不知道从哪里抱着一瓶香槟到后台找他，兴奋地告诉他："衣服做得太好看了，我每件都想穿！刚刚坐在下面听到好几位女士在和爸爸商量预订事宜。"

陈开远没有流露任何喜色，苏云嘉把香槟放下，在化妆镜前抽了两张纸巾给他："擦擦手，我来跟你分享个好玩的！"

她伸出五指在他眼前晃了晃，那段时间她迷上了美甲，指甲总是晶亮绚丽："我最近都在帮朋友画双拼的指甲，她们都很喜欢，也帮你画一个怎么样？"

不由分说，她从衣袋里摸出两瓶指甲油，抓起他的手便开始摆弄了起来："待会儿你上去肯定超炫的，别理台下那些人，就想想自己的大拇指，很好看吧，再想想结束后怎么报答我，也可以用新裙子来报答。"

她垂着头仔细地涂着，还一边絮絮叨叨地自顾自说个不停，镜前灯的白光将她前额的碎发照得柔软而温柔。陈开远明白，这个女孩子从小就得到很多爱，在这个世间，她还没有过敌人，她勇敢而赤诚，拥有丰沛的爱人的能力。

他带着她做的美甲上台完成了自己人生中的首次谢幕，台下宾客眼中的陈开远年轻气盛，只穿着普通黑色衬衫与卡其裤，剪裁却非常简约大方，衬得他清俊又有些乖张。此后他的秀场再也没有设计师谢幕的环节，他的秀像他的设计那样，总有一种"未完成"之感，让人觉得犹未尽兴。

那晚他谢幕后回到后台，苏云嘉正举着香槟等他，她非常激动，开心到踮脚："我们赶紧庆祝吧！"

刚说完苏云起推开了门，他正举着一台徕卡："阿远，祝贺你！"他把镜头对准了陈开远。

一旁的苏云嘉立刻一秒入镜，她紧贴着陈开远，顽皮地举起手中的香槟，把他的脸藏在香槟后面。

是很开心的吧？在那个时刻。也是在那个时刻，他们三人都没有去思索未来人生的幕布上会呈现出怎样的内容。

陈开远凝视着这张搞怪合影，他轻轻地抚摸照片中苏云嘉的脸，用当年她为他涂上指甲油的拇指。

/ 黑暗的深海 /

"阿苏，在你心中，退出 T 台的话，

哪一种离开方式是最理想的?"在陈开远离开后,苏云起给妹妹打了通电话。

那头苏云嘉正练着瑜伽,她思索片刻,说:"倒是没有考虑过自己退出的时候会怎么样,但是 Miranda Kerr 离开维密前的大秀我会经常翻出来看。可儿逆着光走下台的慢镜头真是梦转千回,像终结了一个特别美好的时代,而且还有火星哥,在现场为那些天使们献唱。"

"我去了那一场,爸爸的票,"苏云起说,"不久后我们就失去了他。"

像是有人形容可儿那样,天使的翅膀被收走了,苏云嘉想到,他们兄妹失去爸爸,也是这样的感受——生活中最梦幻、最珍贵的东西,突然间被收走了。

苏云起终于说道:"那个人来找我,托我转交一件衣服给你。"

"你答应了?"

电话那头提醒她:"还记得吗,你成人礼的衣服也是他做的。"

苏云嘉当然记得,那是她十八岁时陈开远送她的礼物,偌大的礼盒打开,最上面是一张卡片,上面写着:致我的定点女王。那时候她似一股清新的风,活泼率真,台步变幻多端,定点也很有魅力,拥有很多拥趸。

一家人早就准备开始筹办她的成人礼,礼服自然是交予父亲伊莱完成,但是临近典礼一个月前,伊莱突然做不了了。

他国的皇室新生了小 baby,特邀伊莱前去为新生儿和王妃做衣服,苏云嘉虽然心有不满但也无能为力,家族与皇室成员的成衣合作已经很久,而且伊莱在临行前

已经为她准备好了礼物,并嘱咐陈开远完成女儿的礼服。

他为她做的那件衣服是一件经典的小黑裙,v 领处辅以欧式中世纪风格的花瓣刺绣,优雅中透着摩登,搭配的小圆帽上使用了鸵鸟毛元素,更加衬托她的灵动特别,当晚收获无数赞美。

自然会遇到很多献殷勤的男孩子,她穿着这条裙子与其中一位跳了舞,结束后去找陈开远,发现他已经离开了。

举办典礼的酒店外便是私人沙滩,苏云嘉在退潮的海边找到了陈开远,他赤着脚坐在沙子上,安静凝望着黑暗中的深海。

苏云嘉也悄悄地脱掉高跟鞋,蹑手蹑脚地来到他身后,本来打算蒙住他的眼睛吓唬他一下,却不知道为什么突然改变了主意,她的心在那一刻异常柔软:"嗨。"

远处海潮翻涌,陈开远慢慢回首,即使光线暗淡,即使她着黑裙,他依旧能清晰地辨识她的美丽。

她在他身旁坐下:"谢谢你哦,衣服我超级喜欢……希望以后你还为我做好看的裙子、小礼服,还有……婚纱。"

后来,他们在海边接吻了。海风清冷腥咸,苏云嘉记得,男生的唇有一种柔软的凉。

8 /不可逆的损伤/

伊莱意外离世的那个晚上曾和陈开远有过一次激烈的争吵,没有人知道他们到底吵了什么,事后两个人相继离开了家。

苏云嘉回到家后听管家说起这件事:

"他们在书房争执,彼此都很愤怒,用中文在吵。"

他们一家平时大都说英文,但都会中文,尤其是苏云嘉,跟陈开远学的普通话,京腔很明显。伊莱的中文一般,尤其是在苏毓晚去世后,更是很少说这门语言。

伊莱和陈开远都不是擅长吵架的人,苏云嘉意识到事情有些严重,同时联系不上两人,她立刻给大哥打了电话。

他们连夜跑了很多地方,都没有两人的踪迹,天微亮的时候苏云起接到警察的电话:伊莱心肌梗死发作,猝死在离他们家很远的一条街道上。

医生在他身上没有发现伤痕,体内有酒精,警察也找到当晚他光顾的酒吧,看了当晚的监控,伊莱独自前来,喝了一大瓶威士忌。

苏云起坚持要求尸检,检验后警察依旧排除了他杀的可能性,他很愤怒,冲到陈开远的工作室,狠狠地打了他一顿。

那是个阴雨天,苏云起开车横冲直撞地停在工作室大门口,下车的时候他踩到一洼积水,麂皮靴面溅上点点泥污,苏云嘉随后赶到的时候发现工作室内已经乱成一团,原本雪白柔软的丝质衬衫被随意扔扯在门口,上面有一脚刺眼的泥印,布料更是满地都是,他们此刻正扭打在地。

确切地说只是苏云起在打,他学过散打,拳头凶狠,陈开远自然不是他的对手,被轻而易举摁倒在地接下他的暴怒。

"你害死我爸爸!你为什么要害死他?没有他,哪里会有今天的你?"

鲜血沾满陈开远整张面孔,意识也开始变得混沌,他感觉到有人影靠近,偏过头去却看不清晰:"阿……苏……"他低低地唤了一声,费尽力气也只能从口中呼出微弱的气流,并没有人听见。

但随后苏云嘉的声音便在耳边响起:"哥!你住手!"她突然崩溃地哭起来。

伊莱生前已经敲定的新一季时装发布会在他死后一个月如期进行,少了过去的喧哗与热闹,模特和看秀来宾都很庄重,缅怀这位优秀的设计师曾带给人们的美的享受。

那一天曾有人拍到陈开远的私人医生从他的公寓出入,于是有人在媒体上猜测,陈开远是因为健康问题才没有参加葬礼和纪念活动。

事实上,苏云起的拳头打伤了他的右眼视网膜,损伤很大,医生一直在积极地为他进行治疗,发布会那一天,医生很抱歉地告诉他,这是不可修复的损害,他右眼的视力,会一点点地持续下降,直到完全看不见。

❾ 明媚的光影

陈开远的品牌大秀开场前一个小时,助理匆匆交给他一个牛皮纸信封:"刚刚外面一个陌生人拿来的,说要立即转交给你。"

信封里有一沓打印纸,陈开远刚翻了几页,脸色便变了。他看完最后一页的纸,拿着信封就大步往外走。

Cathy 跟在后面大喊:"陈先生,模特们等下要上场了!"

他头也不回:"按计划执行。"说完,他掏出车钥匙准备开车,但很快又放弃了,疾步跑去马路对面拦的士。

那封信中还有一张便笺纸,上面写着一个地址,并附了一句话:想让伊莱身败名裂吗?

那沓打印纸上复印着他曾经的设计手稿,以及与伊莱最后一季成衣的对比图。这是个秘密,是当年伊莱意外逝世的导火索,他们那晚的争吵正是源于此,伊莱拿走了他的设计,他极力反对,两个人大吵了一架。

在伊莱去世后,他曾想过销毁掉那些手稿,但说不清为什么一直保留着,也许是明知不可能,却还是幻想有一天能有机会,与苏云嘉解释这一切。

他循着纸条上的地址来到顶楼的天台,正前方原本背对着他的男人缓缓地转过了身子,是苏云起。

"阿远,你到底还是来了。"

陈开远有些疑惑,苏云起抬手向他示意了一下信封:"是的,是我找人调查了你,甚至开了你的保险柜,等今天之后,你可以去告我。"

"所以你的目的是什么呢?"

"目的?不好说。"苏云起慢慢走向他,"或许我是想看看,你是不是真的在维护父亲。你可以选择不来的。"

"现在你的结论是什么?"

苏云起垂下眼角:"你真的维护他。"

"人是很复杂的,我不知道为什么当初他会那么坚持,他明明仍有创作力。但阿苏说得没错,我确实害死了爸爸……并且没有把手稿销毁……"

没待陈开远说完,苏云起打断了他:"阿苏已经在你的秀场了,穿着你为她做的婚纱。这是她的最后一场了,她曾经说过,离开T台后想好好谈一场恋爱,然后去读古典文学的学位。"

陈开远赶回去的时候,他的秀场上模特们早已霓裳羽衣,衣香鬓影,进展得非常顺利。

Cathy在门口激动地告诉他:"之前您说如果苏小姐能来,就请她压轴,她果然来了,已经一切就绪。"

"阿苏在哪儿?"

"在最里面的更衣间。"

说着,苏云嘉已经提着裙子走了过来,这么多年来,她的容貌一直没有很大改变,像妈妈更多一些,陈开远看着她的时候,永远都会觉得温暖。在这个冰冷的人世间,温暖是很难得的。

"阿苏,谢谢你能来,让我觉得今天很圆满。"她松开蓬松的裙摆,身体微倾,与他轻轻地拥抱了片刻。

苏云嘉说:"其实你并不需要我来为你加冕,这些衣服就是你的勋章。"

"不一样的。"他说。

秀后,陈开远接受采访并宣布了离任的消息:"很对不起,眼疾已经严重影响到了工作。但对做衣服这件事会终生热爱。"

"接下来有什么计划吗?"

"计划很多,想去谈恋爱,也会去读书。"说完,有一束光往上打去,是苏云嘉,她依旧穿着闭幕的婚纱裙,款款地,落进那明媚的光影中。

柠檬茶和牛肉堡 天生绝配

*林以昼

> 有些事情无须明言,时机一到,自然水到渠成。

把一天的兵荒马乱吃进肚子里

第一次见到亓元,李甜就把他名字给念错了。

那是李甜初次摆摊,刚把设备和茶水摆好,一个满脸笑容的微胖男生不知从哪儿跳到小推车前:"你好,卖柠檬茶啊?"

李甜立马摆出职业笑脸,把声音高了八度:"是啊,新鲜手打柠檬茶,很好喝的哦,来一杯吗?"

"哦,我不买。"说着,男生递来一张卡片,指了指旁边,"我是你同行,在旁边卖牛肉汉堡,有需要就叫我。如果我没出摊,也可以加我微信在线点单。"

居然是来推销的!李甜嘴角的弧度立刻消失,声音也减了五分糖:"哦,好的。"心里想的却是"谁要吃你做的汉堡啊"!

眼睛又瞥了一下卡片,看上面写着"亓元牛肉堡,好吃忘不了"。

两行字,嘴里下意识念了出来:"元元牛肉堡……"

刚走出两步的男生立刻回头,"我不叫元元,叫亓元,'亓'和'奇迹'的'奇'同音。"

李甜顿时脸红,中文系算是白读了,竟然连人名字都能念错。还好,有顾客来了,她切好半个柠檬放入面前的雪克杯中,拿起柠檬锤就发泄似的"哐哐"砸了起来——那家伙真讨厌,姓什么不好,偏偏姓得如此偏门。

晚上八点,街上行人多了起来,生意逐渐变好。李甜笑得见牙不见眼,砸柠檬的锤子带出残影,一个小时下来,手比柠檬汁还酸,可听到接连不停的"收款八元"的提示,她一点都不觉得累。突然不知谁发出一声号叫"快跑,城管来了",好似在鱼塘中扔了一枚鱼雷,摊贩们熟练地将锅碗瓢盆往三轮车上一堆，蹬上一溜烟就跑没了。

李甜呆了，等回过神，看到城管执法车正快速往这边移动，她慌张地将东西收好，拉着推车像个无头苍蝇，找不到可以躲藏的地方。一个身影闪现，如英雄般逆光发亮："跟我来。"

亓元拉着她的小推车就闪进一处隐蔽巷子："好了，没事了。"

"谢谢你。"李甜道谢，眼睛环视周围，奇怪刚才怎么就没发现这处藏身地。"那些人要多久才离开啊？"她担心城管一直不走，这生意就没法做了。

"放心，要不了几分钟，他们知道大家不容易，只是走过场检查而已。"亓元还朝李甜挑挑下巴，"你反应太慢了，下次跟紧我，保你平安。"

这人还怪好的，有一点星火在李甜心中被点燃。

果然，没几分钟城管就离开了。散场后，李甜剩下两个柠檬，想到刚才的事，决定大方一回："要不，请你喝手打柠檬茶吧。"亓元没有客气，投桃报李也准备回请："那敢情好，我也请你吃汉堡，手打柠檬茶和牛肉汉堡可是绝配呢。"

李甜没法拒绝，心中忍不住盘算，一个牛肉堡要十六块，一杯柠檬茶才八块，唉，自己好像欠得更多了。

那晚十点多，两人收好各自的家什，坐在步行街的台阶上，一手拿柠檬茶，一手拿汉堡，把一天的兵荒马乱吃进了肚子里。

这天过后，李甜算是真的跟着亓元混了。每次他出摊，都会喊她一声，有时她做小时工没下班，亓元也会帮她临时占地盘，免得好位置被抢走。

亓元问李甜："话说你一个女孩家，为什么要来摆摊，还这么拼命？"来摆摊的年轻人少数是体验生活，大部分是缺钱，可像李甜这样白天打零工，晚上摆摊，除了雨天，日日不落的，亓元只见过这一个。他时常好奇，是什么支撑她坚持下来的。

"我啊，我太可怜了。"李甜被亓元问愣了，装模作样地捂住脸，"……唉，算了，一言难尽。"

亓元脸一抽："不会是好赌的爸爸，生病的妈，年幼的弟弟，破碎的家吧？"

李甜惊讶，猛然抬起头："咦，难道你也是？"

这浮夸的表演，让亓元忍不住打趣："我不是，不过反问是心虚的表现，所以你其实是千金大小姐，准备收购这条街，这是提前来调研了。"

"糟糕，被你发现了真相。"李甜把锤子给亓元，甩了甩酸胀的手，"来，先帮大小姐捶柠檬吧。"

我以为你的生活很甜

李甜不是大小姐，亓元当然知道。

夏天转眼过去小半，七月酷暑时，李甜弟弟来了，十六七岁，怯生生的。看到亓元，男孩微微抬手打了个招呼，连一句话都没说。人倒挺勤快，亓元出摊时，他知道帮忙推车，李甜摆好摊子，他也会默默在一旁捶柠檬。

亓元私下问李甜："你弟干啥来了？"李甜头也不抬："关你屁事。"

"这不是关心朋友嘛。"亓元讪讪地笑,"要是需要什么帮助就找我。"平时和他嘻嘻哈哈的李甜却不领情:"我可以自己解决。"

真够自强的,亓元就此打住:"行,反正记住,我一直在,有任何需要尽管找我。"

"谢谢。"李甜低声说。

亓元记得,这是她第二次和自己说"谢谢",他猜李甜弟弟是来要钱的,看得出这姐弟俩经济条件不行。

一个多月后,李甜的弟弟要回去,踌躇好久说:"家里完全没钱了,奖学金也给妈妈了,想问姐姐要点生活费,你有的话就先给我些,剩下的我再去想办法。"弟弟正长身体,个子高且瘦,低着头依然是个孩子样,让李甜格外难受。亓元远远看着,没说什么话。

等到弟弟到家后打电话来,李甜不顾要捶打的柠檬堆积如山,半夜一点跑到亓元的摊子上问:"你为什么要给我弟塞钱?"

亓元拧开桌上的酒瓶,抿了一口冰啤:"你弟也经常帮我看摊,好兄弟意思一下没什么!"李甜不信他的胡说八道:"意思一下要两千吗?"

亓元机智地转移话题:"话说你家咋了,你爸妈不管你弟弟吗?"

"他们想管啊,奈何有心无力。"李甜没好气,也拿过酒瓶咕嘟咕嘟喝起来,"我爸跟别的女人跑了,我妈一个人打工也不安定,现在自顾不暇,我弟不找我该找谁?"

"哎,我喝过了……"亓元看着那个酒瓶,想到什么,脖子唰一下红了。待到李甜喝了好几口,他才一把夺过来,嘟哝着:"还以为你叫李甜,生活得很甜呢。看来是个在命运旋涡里苦苦求生的人啊。"

"你不知道老百姓缺什么就喜欢取什么名字吗?"李甜叹气。

"也对,还好你没叫旺财。"亓元使劲儿拍她肩,李甜气笑了,抬腿就给他一脚,只是并不重……

努力吧,争取早日实现梦想

月底,李甜转给亓元五百块,说要分期还钱。亓元挥挥手:"干吗这么生分,我又不缺这点钱。"话说得豪气万丈,可他卷边的T恤让这话显得很没说服力。

"给你就收下,别磨叽。"李甜凶相毕露,亓元还是点了退回。没等她生气,他说出理由:"真不着急,你要着急用就先用,我要干的事儿,现在一时半会儿也存不够钱去做。"

"你想干什么,上火星啊?"李甜好奇。

"我想开一家属于自己的餐厅。"谈到梦想,亓元有些难以启齿,"我想做个厨师,每天做菜,看别人吃完我做的食物那满足的样子,我格外开心。"

亓元家世代妇产科,家人一直希望他去医院上班,他忍不住自嘲:"读高中时他们说上大学后我就自由了,结果高考完给我报了不喜欢的专业,说等我学几年如果不喜欢就另说,等我毕业真的想去做厨师时,他们又说做厨子要掂锅,我那小体格没戏。"

亓元的嘴念叨起来就没完,李甜安静听着,等他倾诉完毕,才拍拍亓元肩膀,因为不够高,还踮起了脚尖:"小元同志努力吧,争取早日实现梦想。要不,以后我赚的钱,除了给我弟那份,剩余的给你存着开餐厅,不是欠你的钱还没还完吗?"

见亓元张嘴想客气,她立刻拿话堵住:"现在我打零工和摆摊收入也还可以,就当我们合伙,到时赚钱你多分我点就好。"那一刻,李甜真的很想为了亓元的梦想做点什么。

那晚过后,兴许真的把李甜当成了"合伙人",热爱做菜的亓元每次做新品,都要找李甜尝。开始李甜每次都欣然吃完,可时间一久,看着体重秤上不断上涨的数字,她开始犹豫,意识到亓元可能在下一盘大棋,专门针对自己的大棋。

亓元又一次端着新出炉的蛋糕到她摊子上时,李甜不接,反而盯着他的眼睛问:"你是不是想要把我喂成一个胖子?"

亓元愣住,把李甜上下看了一圈,不断摇头:"哪儿胖了,明明这么苗条。再说,万一真没人要,我喂的我负责行不行?"

"你想得美!"李甜瞪他一眼。

爱是悄悄生长的小肚腩

有些事情无须明言,时机一到,自然水到渠成。

李甜正式和亓元谈起了恋爱。在他的盛情邀约下,她搬到他的住处。不过李甜坚持房租均摊,李甜说:"只是谈恋爱,我不能占你便宜。"亓元不理解,却觉得这样的李甜有种独特的魅力,为此,他每天投喂得更勤快。

两个人用攒了一年多的钱,总算开了一家小店,店名叫"元来很甜",附近的学生们出奇地喜欢,作为主打产品的牛肉堡和柠檬茶很受欢迎,一到放学时间,小店就会被人塞满。

李甜喜欢看这些青春靓丽的少年,她的十几岁可没有这样富足的零花钱。不过苦楚和时间一同流走,现在的她有点积蓄,有爱情,还要求什么呢?

她现在不是孤独一人了,她还有亓元。可气的是,亓元虽没瘦下来,但也没胖,李甜怀疑他的脂肪都消耗在他那张时刻不停的嘴皮上了。亓元话很多,一得闲就隔着玻璃橱窗和李甜聊废话,以至于有几天他感冒了居家休息,李甜一个人在店里操持,店里极其安静,她很不适应。现在,亓元已经成了李甜的习惯之一。

又是一个暑假,李甜弟弟自然来帮忙。他把李甜妈妈亲手做的酱菜交到亓元手上时,还是那句话:"记得对我姐好点儿。""放心,保证把她捧在手心,这可是我一眼就看中的人。"这次亓元答得理直气壮,甚至有几分自豪。

李甜掐了一把亓元腰间的腩肉:"还好意思说一见钟情,认识第一天你就来找我推销。你当时是不是用这招天天跟人搭讪?"

亓元一声惨叫,伸出手庄严宣誓:"那堆摆摊的姑娘里面,我只给你发了卡片,绝无虚言!"末了,他还很得意:"幸好那天我及时出手,不然哪儿有今天!"

李甜揪住亓元的耳朵,轻轻说:"那就请珍惜我,让以后的每一天都这样好好过下去吧。"

如果风不再吹

✻ 那夏

在那个倒转的世界中，他深情凝望着她的眼，对她说，我爱你。

七年后，当程嘉祺与叶昭面对面坐在咖啡馆，签眼前那份离婚协议时，他忽然想起若干年前她的模样。

她那时还只有二十岁，因为考古专业时常需要野外作业，所以她每天扎着马尾，只穿最简单的牛仔裤和法兰绒衬衫。

或许对于别的天生丽质的姑娘来说，这样随意的装扮反倒凸显美丽，但对于皮肤黝黑、长相平平的叶昭来说，这无疑是一场灾难。更糟的是，她还时时刻刻都戴着副土气的黑框眼镜。然而就是这样平凡的叶昭，却有一双非常非常惊艳的眼睛，如寒夜里闪烁着亮光的启明星。

"咳！"叶昭的咳嗽声将他的思绪打断，程嘉祺抬起头，便看见面前的人正无动于衷地盯着自己。

"协议签好的话，我先走了，下午还要赶航班，我接了新项目。"她不提去哪里，他也就不问，结婚五年，他们之间最大的默契，莫过于此。

从咖啡馆出来，程嘉祺接到聂梵音的电话。

"你们的事都处理好了？"她的声音里有浓浓的歉疚，却没有迟疑。毕竟在她心目中，当年是叶昭害她与程嘉祺分开的，她走了这么久的弯路，吃了这么多苦，如今终于能找回属于自己的幸福，这一次她无论如何都不会放手。

"嗯，我还有事，可能会晚些去找你。"

"好，"聂梵音温柔地答道，"那我和昕昕在家等你，我们一起吃晚饭。"

阔违六年，程嘉祺终于回了母校。

当年毕业，他与叶昭被视作考古系出类拔萃的一对，他对此耿耿于怀，刻意选了国外的公司，为的就是避开故人，在这一点上，曾留校读研的叶昭比谁都明白。

可如今，当他走在文遗学院里，看着往来扎马尾、穿衬衫的年轻女孩，他又想起叶昭的脸。那张平淡无奇的脸，他花了三年，才记住。

那是大三开学，他们系被安排去田野实习，目的地是安徽固镇的南城孜遗址。当时班里有三十多人，分成四组，他和叶昭刚好被分到一起，她是他的组长。

叶昭第一时间走到他面前，推了推眼镜，冷淡而严厉地对他说："我是叶昭，未来一个月我们将是一个团体，希望你不要拖我们的后腿。"

程嘉祺当时在喝水，结果一口水喷出来，溅到叶昭的法兰绒衬衫上，留下一片深色的印记。

那天他第一次正式记住，班里有这么一号黑黢黢不好看的姑娘，叫叶昭。

程嘉祺大学的前两年，几乎在逃课、打游戏与补考中度过。按理说能考上这所学府的人，绝对不傻。但那两年，为了抗议开古董店的老爸逼自己选考古系这件事，程嘉祺每天都在变着法地玩叛逆。

没多久，他就在文遗学院出了名，大家都知道，考古系有个叫程嘉祺的家伙长得不错，但可惜，是个混子。

程嘉祺浑浑噩噩了两年，没想到有朝一日竟被叶昭这号烦人的"管家婆"盯上。

自从到了基地，叶昭就阴魂不散地跟着他，从整理行李，到全员集合，再到分配任务，叶昭锐利的目光没有一刻离开过程嘉祺。

在南城孜遗址度过的一整个月，程嘉祺相当苦闷。一天中起码有八小时，他都必须和叶昭一组人蹲在田里上工。为了搞清楚墓葬、房屋等遗迹的布局，他们必须用手铲把老大的探方刮得平平整整、清清楚楚，然后一遍又一遍地研究、分析。

考古系和别的系不同，没有所谓绅士风度，需要动铲子的时候，不论你是男是女，都得抢着胳膊上，所以整个系的姑娘，没一个不灰头土脸的。在这些灰扑扑的姑娘的衬托下，聂梵音便如仙女下凡一般。

说来也巧，聂梵音所在的美术学院外出采风，选的刚好也是这里。程嘉祺与聂梵音命运般邂逅了。他还记得，他们相遇的那天，有一地如银霜般的月光。

由于连日被"管家婆"叶昭虐得很惨，每夜室友入睡后，程嘉祺都会悄悄溜出来散步，让自己的神经放松一下。在每次散步回来的途中，他都能看见一个女生，背对着他，伫立在不远处的小山坡上。

那个女生的头发虽然只过肩膀，但在月光的映衬下，却显得格外温柔，他仿佛隔空嗅到洗发水淡淡的芬芳。她穿着和叶昭差不多的法兰绒衬衫与牛仔裤，但整个人散发出的可爱气息，却与那个自带烦人气场的叶昭完全不同。

感谢叶昭的反衬，程嘉祺竟然盲目地对这个背影心动了。

在连续遇见这个背影的第四个晚上，程嘉祺终于鼓起勇气，爬上了那个小山坡，走到那个背影面前，向她打招呼："嗨！我是程嘉祺，你也是我们系的学生？"

聂梵音被他吓了一跳，愣了半晌，才讷讷答道："你、你好……我是聂梵音。"

他们的身后，是一轮明月。如果叶昭没记错，那天正好是阴历十五。因为程嘉祺的室友起夜时发现他不见了，她不得不找了他好久，没想到最后竟会在这里发现他，以及一个不知道是谁的漂亮姑娘。

叶昭躲在一棵老树后，看了他们很久。

实习结束后回校没几天，程嘉祺便和聂梵音在一起了。

因为热恋，程嘉祺对叶昭的态度和缓了许多，就算她仍然跟在自己身后催交实习报告，他也能厚着脸皮，对她谄媚地笑："再让我拖两天吧，叶昭，拜托你啦！"

他从没叫过她的名字，大多时候，他都不耐烦地叫她"组长"。叶昭不由一愣，在她发呆的空当，程嘉祺已经溜走了。

成功摆脱叶昭，程嘉祺与聂梵音手牵手甜甜蜜蜜地去看电影。那是他们第一次约会，但当坐在黑漆漆的电影院里，他能想到的，却是叶昭那张不近人情的扑克脸。

今天他逃跑了，她不会伺机报复他吧？同窗这么久，他虽然不大记得她的脸，却也隐约知道她是导师的得意门生。而这次去南城孜，他从同组同学口中得知她显赫的家世。

那个女生艳羡地咂咂嘴："我听说啊，叶昭她妈是考古学家，她爸是律师，不过说起来叶昭自己也很厉害啊，成绩永远第一，家里条件又那么好，真是太好命了……"

那时程嘉祺刚因为清理现场时不够仔细被叶昭骂了一顿，一肚子火，听见这样的话，不免尖刻地腹诽：再好命又如何？她叶昭依然有致命伤。是的，叶昭不好看，所以说，这个世界在某种程度上是公平的。

只是程嘉祺不知道，这世上所谓公平分许多种，他与叶昭之间的公平，便是在他彻底伤害她后，永永远远失去她。一丝忏悔、偿还的机会都不再有。

电影结束，程嘉祺第一时间将聂梵音送回了寝室，然后他折回文遗学院，准备找叶昭摊牌。他必须要问问她，他究竟是哪里得罪了她，才让她对自己如此苛刻？

程嘉祺实在难以理解，最后只能得出一个荒谬的结论，那就是叶昭喜欢上他了，想通过这种办法求关注、刷存在感。

没想到叶昭听罢他这玩笑似的揶揄，竟坦然地推了推眼镜，看着他："嗯，我是喜欢你，但我不是为了这个才对你严厉，程嘉祺，我没有这么卑鄙。我只是不想你继续浪费青春和才能……别忘了，你是第一名考进我们系的。"

她当然记得他，因为她是紧随其后的第二名。那是她人生中第一个第二名，也因此换来了爸爸的一巴掌。

叶昭就这样与程嘉祺对视着，长久而

坚定。她的声音一如既往的冷冽,但她的手却出卖了她。她在颤抖。

程嘉祺的呼吸不由凝滞,他感到心虚,最后讪笑一声:"组长,你还真幽默,为了让我交报告居然无所不用其极到这种地步……放心,后天我一定会交报告的。"

两天后,程嘉祺交上了那份拖了很久的实习报告。

那是他上大学以来第一次认真做事,而做这件事时,他想到的,是叶昭的脸。那张黑黝黝的、平静却执拗的脸。他依然觉得她不美,甚至有些丑陋,但他必须承认,某一瞬间,他被她的镇定与气势震慑住了,所以他心甘情愿地写了这份报告。

但每当想起叶昭那天的告白,程嘉祺还是会心虚,他与叶昭相处的时间虽不长,却也知道,她不是会开玩笑的人,但如果他承认那是她的真心话的话……程嘉祺不禁拼命摇头,他还是当她在开玩笑好了。

报告全部递交给导师那天,实习小组聚餐庆祝,叶昭作为组织者之一,打电话通知程嘉祺。那是她第一次给他打电话,有些紧张,调整了很久呼吸,才把号码拨出去。好在整个过程她表现得流畅又镇定,像过去每一次一样。但她没想到,程嘉祺竟然会把聂梵音带上。

不同于在固镇时远远地一望,与聂梵音近距离接触,叶昭终于有机会端详她的脸,她不禁默默感叹,聂梵音还真是又白皙又好看,和自己……完全不一样。

她又为自己斟了一杯酒。觥筹交错间,叶昭不知不觉喝了许多。

当天吃的是汤锅,伴随着汤里热气上涌的,除了醉意,还有泪意。很快,叶昭的眼镜便蒙了一层雾。她使劲眨了眨眼睛,又眨了眨眼睛,还是看不清眼前,轻叹了口气,她将眼镜摘下来,准备找张纸擦擦。

也就是在四下张望找纸的时候,她撞上了程嘉祺的目光。

那瞬间,程嘉祺的大脑空白一片。因为,那是他今生见过最漂亮的眼睛,他没有想到,它的主人会是叶昭。就像世界上最惊艳的琉璃镶嵌在最平庸的朽木上,程嘉祺不知该赞叹,还是惋惜。

意识到程嘉祺在看自己,叶昭迅速低下头,将眼镜胡乱戴上。

那晚,全场一共有四个人醉了,叶昭是唯一的女生。作为受人敬重的组长,有人自告奋勇要送她回去,可叶昭却拒绝了。

就算喝醉,她都是从容的,程嘉祺有点想笑,却被聂梵音拉上出租车。等他再回头,便只能隔着后窗,影影绰绰看见叶昭的背影。

她走得很慢,却还算稳健,他这才留意到,她今天没有扎马尾,头发是放下来的,刚好过肩。

今晚没有月亮,他沉吟片刻,转过头,牵起聂梵音的手。

自那天后,叶昭便从程嘉祺的生活中消失了,如出现时般干脆利落。

再没有人跟在他身后,让他做这做那,训斥他清理现场不用心、记录数据总出错,然而程嘉祺却前所未有地对学业上心起来，除了时不时到图书馆借书，还会与室友一起跑博物馆。但他却没在那些地方见过叶昭一次。

其实整个考古系，叶昭常待的地方只有一个，那就是系里的文物陈列室。她常年猫在那里研究大部头的著作，也偶尔帮着导师为文物编号记录。这些都是系里精英的活，轮不到后进生程嘉祺插手，所以他们能见面的地方，只剩下教室一个。

不过在教室，叶昭也从不搭理他，而程嘉祺过去躲她都来不及，更不可能主动找她说话。

他们再说上话，已是冬天。但程嘉祺没想到，他们说话的方式，会是吵架。

还记得那天少见得下了场冬雨，聂梵音心血来潮到考古系找程嘉祺。为了给他惊喜，她特地没打电话。考古系还没下课，她只好一个人乱逛，打发时间。

聂梵音也不知道自己是怎么逛到文物陈列室的，她推开半掩的门时，叶昭正坐在那读一本很厚的古籍。

"你好。"聂梵音笑着与她打招呼。

叶昭抬起头，面无表情："你好。"

"呃……你们系不是有课？"

"嗯，这堂课我不喜欢。"叶昭合上书页。

剩下的时间，聂梵音便在得到叶昭首肯后，在房间里兴奋地东摸摸西看看。叶昭想，她果然不记得自己了吧。也是，她并没有值得记住的地方。

叶昭重新翻开书，刚看了一页，便听见东西摔碎的声音。

"对……对不起！我不是故意的！"聂梵音的反应比她还大，当即哭出声来。

遇见这样的情况，叶昭不由发愣，刚想告诉她"没关系，那只是个仿古款式的水杯而已"时，程嘉祺忽然推开了门。他是受室友之托来找叶昭借书的，没想到会在这里看到自己的女朋友哭得如此伤心。

望着满地的瓷杯碎片，未经思考，他已脱口吼道："叶昭，你对她做了什么？"

叶昭愣了愣，瞥了他一眼，冷冷地道："你自己问她吧。"然后她打开后门出去了。

等叶昭意识到程嘉祺正不远不近地跟着自己时，天已经黑透了，北方的冬天向来黑得早。冷雨中，叶昭漫无目的地走着，风呼呼吹，她冻得缩脖子，就听见身后那个声音说："对不起……是我误会你了。"

她的脚步顿了顿，而后又继续走。

程嘉祺连忙追上她，挡在她跟前："你也说句话。"

叶昭忽然仰着头笑了："好吧，既然你让我说，我就说好了。程嘉祺，我不求你能看见我，但至少，请不要看低我。"

叶昭头也不回地走了。程嘉祺呆望着她的背影，终于没有勇气追上去。

那之后不久便是春节，正月刚过，程父就倒霉地摊上一桩大事。古董这块向来水深，就算入行多年，他也还是会遇到被旧友坑的时候。原本以为自己什么都没做，身正不怕影子斜，一定能够逃过一劫，但当传票真的发下来时，程父整个人都蒙了。

在程父眼中，名誉是比性命还重要的事，他无法想象如果败诉对他今后生意的影响会有多大。

同行朋友递给程父一张写着电话号码的便条："为了确保胜诉,你最好找一个厉害点的律师。这个叶律师是行内最有名的律师。但是你这个案子比较小,叶律师比较忙,又出了名的冷漠,他可能不会接。如果你们能找熟人帮忙说情的话,也许可以打动叶律师。"

晚饭时,程父向家人提起这件事,程嘉祺听罢迟疑片刻,问:"刚才你说律师叫什么名字来着?"

当他看见叶磊两个字时,他的心中忽然闪过叶昭的脸。

去陈列室找叶昭的一路上,程嘉祺背后渗出了细密的冷汗。也只有到这刻,他才承认,其实他早信了叶昭的话,信她是真喜欢自己,才敢在今天孤注一掷地来找她。

陈列室的门没锁,他推开,就看见叶昭趴在桌上睡着了。睡觉时,她总算摘了眼镜,但眉头却皱得很紧。

程嘉祺忽然想起她那双美丽到令人窒息的眼睛,发觉自己心跳得很快。

他慌忙推了她一把:"叶昭!"

莫名被吵醒,叶昭眯着眼打量他:"你为什么在这里?"

而程嘉祺已顾不上别的:"我有事需要请你帮忙,我知道自己厚脸皮,但我想知道,你愿不愿意帮我?"

待程嘉祺把经过讲完时,叶昭沉默了片刻,说:"我可以试试,但是……"她顿了顿,"我不能保证。"

"谢谢,谢谢,谢谢,真是太谢谢你了……"程嘉祺激动得语无伦次,叶昭却连眉毛都没有动一下:"嗯,那我先走了。"

她起身,抱起桌上的书,走出去。

幽暗的走道里,她瘦长的背影被灯光拉得很长,程嘉祺看得有些出神。但很快他就回了神,因为聂梵音打电话来了。

第二天,叶磊的电话就打了过来。

电话挂断,程嘉祺沉默了许久。他深深呼吸,强压住愤怒,拨通了叶昭的电话:"叶昭,我们见一面吧。"

去陈列室的一路上,程嘉祺攥紧了拳头。如果叶昭不是女人,他想,他一定第一时间揍她。

和以往一样,叶昭仍淡然地翻着书,见到他,也没有特别的情绪。程嘉祺看着这样冷漠的她,忽然有一种将她挫骨扬灰的冲动。

"我接到你爸的电话了……"他想让语气自然,却掩盖不住嘲讽,"叶昭,你有没有什么想对我说的?"

良久,叶昭才寂然开口:"没有。"

"真的没有?"程嘉祺再克制不住,冲上去狠狠扼住她翻书的手腕,"叶昭,你不光心理阴暗,还很卑鄙!"

叶昭也不恼,反倒勾起嘴角,自嘲地淡笑:"你不是一直这么认为吗?"

"好吧,"叶昭竭力挣脱了他的束缚,目光闪烁着,"既然你都知道,我也就不辩解了。帮你,是可以,但有条件。"

"什么条件?"可笑的是,在问出口时,

程嘉祺心中竟已有了答案。

他只是在等她，等她开口。

"和我在一起。"叶昭终于直视他，说出他心中的那句话。

程嘉祺忽然大笑："好啊，可我不懂，既然这样的话，你为什么不早说？"

"大概是因为……"叶昭思忖片刻，微笑道："我是个很卑鄙、很阴暗的人，所以要你自己开口。"

那一瞬间，程嘉祺终于明白了何谓齿寒。

沉默一阵，他咬牙切齿地点头："好，那就如你所愿——叶昭，做我女朋友吧！"

然后程嘉祺便看见向来面瘫的叶昭笑了。然后，她哭了。哭完，她又笑了。

真是个神经病啊，他想，但原来这个神经病笑起来，竟也是很可爱的。程嘉祺突然觉得很讽刺。然而更讽刺的是，在那一刻，在他向叶昭告白的那一刻，他没有想到聂梵音。

这一点，直到五年后，当他在离婚协议上签下自己的名字时，他才敢承认。

聂梵音跳汉城湖的时候，已经是春天了。万幸的是，她被人救了上来。

她住院那段时间，程嘉祺去看她，叶昭也跟去了。然而程嘉祺却将她死死拦在病房门口。

他的声音听上去很疲惫："你又不蠢，应该知道，我们是她最不想见的人。"

叶昭不说话。

程嘉祺转身准备去敲门时，叶昭叫住他："那你呢？她不是也不想见你吗？"

程嘉祺回头，冲她阴冷地笑了："是啊，不过她爱我……我也爱她。"

叶昭的脸"唰"一下惨白，程嘉祺顿时觉得格外解恨，但当他想要笑时，却不知为何，怎么都笑不出来。

当程嘉祺在病房里和聂梵音交谈的时候，叶昭就坐在走廊的长椅上发呆。

她看着左手无名指上的那个戒指，这是程嘉祺买给她的，她套上时，他故意将自己的手在她面前晃了晃："嗯，很配！"

叶昭当然知道，他手上的那个，和聂梵音是一对。他是故意的。

叶昭忍不住起身，将侧脸贴在门上，想听听他们在说什么。

她现在的样子一定像个妒妇，很丑，她都知道，但她不在乎，因为她想知道，他究竟是怎么看待她的。从前她觉得自己喜欢他喜欢得很有尊严，但如今，她觉得自己自以为是的尊严很可笑。从她向他告白的那刻起，她就丧失了全部骄傲。

全神贯注的叶昭隐约听到程嘉祺与聂梵音的对话。

他说："对，我就是贪图她家的背景，所以你尽管恨我吧。"

然后她听见聂梵音剧烈的抽噎声。

她觉得头好痛，心也好痛，更可怕的是，她觉得羞耻。她活了二十年，从来都堂堂正正，但在他们面前，她觉得羞耻。可尽管羞耻，她还是好喜欢他。比他所以为的，所能想象的，更喜欢他。

她喜欢了他三年，像每个第二名那样，

遥远地、温柔地、孤独地凝视着他的背影。

程嘉祺出来的时候，她已经去厕所洗过脸，像没事人一样，端坐在那里。

"我饿了。"她对他说。

"嗯，我们去吃饭。"程嘉祺自然而然地拉起她的手。

然后她听见他冷漠的声音像毒针一样，狠狠扎在她的心上："从前我只觉得你长得丑，后来我发现，我错了，你哪里只是长得丑，心也很丑。不过你放心，我会遵守约定，和你好好交往的。"

毕业第二年，程嘉祺和叶昭结了婚。

其实程嘉祺自己也感到奇怪，他一度以为，他与叶昭迟早会分手的，但他们却莫名其妙地走到了结婚。也许只是因为这三年来，他没能为除聂梵音外的女人心动。

可程嘉祺却从来没问过自己，为什么没能？又或者，他仅仅是害怕那个令他感到荒谬、可笑的答案。

但不管怎么，他与叶昭，终究是结婚了。

那时他已经在一所外国公司的国内分部任职两年，专接替有钱人寻宝的私活。他们的收入很高，但同时也很辛苦，并且风险很大，还不被他的旧同窗们接受。

叶昭知道他是故意的，当年面临毕业，系里有一个保研名额，不是他，就是她，但程嘉祺却对她说："你留下来吧，我已经找好工作了。"

而在此之前，她从不知道他接下来的打算。

他们之间好像一直是这样，彼此不闻不问，却又拥有最亲密的关系。

读研后，为了家庭，叶昭将重心转到了学术研究上，程嘉祺，却好像是为了避开她，成了满世界跑的空中飞人。

说来可笑，就连他们的新婚夜，也是叶昭匆忙替他收拾好行李，送他去赶航班。在私人飞机起飞的噪声中，她强忍着眼泪，冲他挥手，但他连头都没有回。

在叶昭面前，程嘉祺从来都吝啬最简单的一丝温情。这也是今后的他，最最悔恨的一件事。

这样聚少离多的婚姻生活持续了两年，直到研究生毕业，叶昭不顾叶磊夫妇的反对，坚持进了程嘉祺的对手公司。

他们是在一场会议里碰面的，那次的场面非常难看，两方为了高额收益互不相让，最后只能各退一步，一方出一半人手，组成团队，分了这次业务。而程嘉祺和叶昭，便分别隶属于两个团队。

协议达成，叶昭作为团队代表，与程嘉祺握手，他脸色很难看。

叶昭打趣："程先生脸色不好，是不是病了？"

程嘉祺恨声道："就算病了，也没有某些人的神经病严重。"

叶昭笑着耸肩，不置可否。

第二天，他们乘同一架飞机出国，却互不搭话。在旁人看来，这是多么理所当然的事，但只有他们知道，他们是夫妻，本应同床共枕，抵足而眠。

叶昭觉得可笑，拉开舷窗，便看见被傍晚霞光暂时染成金色的云朵。真美啊，她想，如果云朵真是金色的，一定会更美。但这都不过是如果，就像如果风不再吹、如果花是绿色、如果树是红色、如果世上所有的星星都寂灭一样……

如果这一切真的发生，他或许才会爱上她。所以她知道，这一生，他都不会爱她。

结婚第五年，叶昭和程嘉祺终于不需要在会议上狭路相逢。三个月前，程嘉祺正式升任管理层，只有叶昭还不知疲倦地往返于墓地、深山或者海上。

起初只是为了与程嘉祺对着干，而后来，当她渐渐发现，不在他身边爱他，比在他身边看着他更加自在后，她便更不想回去了。

七月，她接了生命中第一份海上考古的工作，做完这个决定，她没有告诉程嘉祺，而是直接收拾行李上路。

等下了飞机，登上船，叶昭才意识到自己其实晕船晕得厉害，而航程又有一个星期。那一路，她吐得胆汁都呕了出来，最后只能趴在甲板上，轻轻地抽泣。

因为她已经没有力气再哭了。恍惚间，她想起十三岁那年，当她发现自己不是妈妈的亲生女儿时，她好像也吐了，因为悲伤。

难怪妈妈那么漂亮，而她却那么丑。原来她虽然是叶磊的女儿，却不是妈妈的女儿。她的生母，是叶磊的前女友，因为追求到身为考古学家的妈妈，叶磊毅然决然地放弃了那个陪伴他、照顾他甚至赚钱给他付法学院学费的丑姑娘。而作为对丑姑娘最后的仁义尽，又因为后来的女友不能生育，叶磊留下了她，但他却并不爱她。

她确实不像叶磊，除了长相不像外，也缺乏他身上的那种狼性，那种为达目的不择手段的狠劲。

所以当年她没办法对程嘉祺提出交换条件，尽管这是叶磊开给她的条件。他一眼就看出了这个丑丑笨笨的女儿喜欢人家，那是她第一次主动开口求他一件事。也许是因为对她内疚，也许是他见不得自己的女儿这样懦弱，所以才会自作主张，给程嘉祺打那通电话。而她，却在他气愤地来质问她的那一刻，到底还是自私了一回，舍不得推开这个机会。

她只想远远地看着他。他是她的白月光，而月光并不该自私地握在手上，因为一旦握在手中，一切便成了漆黑的虚妄。

想到这里，叶昭终于绝望地哭了出来，她挣扎着，翻出手机，打给他。

她好想他。

他一定不知道，对他的爱慕与思念，是这些年来她坚持走下去的唯一动力。

好在电话很快通了，叶昭欣喜地舔了舔干涩的唇，想要说话，却忽然听见那头传来一个熟悉的声音："哎，你们别喝了……程嘉祺，快来接电话！"

时隔七年，她依然记得那个声音——属于聂梵音的声音。

一瞬间，她觉得地动山摇。

那场海底考古结束后,叶昭整个人瘦了一圈,她原本就很瘦,而现在,简直是风一吹就会倒。

程嘉祺破天荒地去机场接她,她只看着他,不说话,果然,他很快就坦白:"今天是去看我爸妈的日子。"

原来如此,他是来找自己履行妻子义务的。叶昭笑了笑,忽然释然。

吃过午饭,又陪着程家夫妇聊了一会儿天,程嘉祺这才和叶昭回去。

从朱雀门步行出来拿车的时候,叶昭忽然叫住他:"程嘉祺,我们离婚吧。"

她看着他,表情非常平静,显然是考虑很久了。

过去,叶昭所说的每一句话、每一个字,程嘉祺都不会问为什么,但今天,他却忍不住问她:"为什么?"

"我知道,聂梵音回来了……"她语气如常,"反正我们离婚也是迟早的事,与其等场面难看了,不如趁早。"

多么善解人意,程嘉祺冷笑,可惜当年她为何没有这样的觉悟?而现在,聂梵音离婚后失意还乡,他不过觉得心有愧,做东与几个旧同学聚一聚,想看看日后能不能帮到她,便成了她口中场面难看的事。

明明他与她的这段婚姻,才是最难看的。

想到这里,程嘉祺心中已满是怒意,懒得再做任何辩解:"那一切随你吧。"

他把决定权给了她,本以为她口口声声说喜欢他,事到临头,终会觉得不舍,却不想再见面时,她手中已是离婚协议。

"签字吧。"她把笔递给他,顿了顿,"我上午已经见过聂梵音,当年的事……她说原谅我,希望今后你们都好。"

一句话,洒脱得好像过去七年皆与她无关。

程嘉祺只觉得胸闷,抓过协议书,恶狠狠地签下名字。本以为会换来叶昭一句冷嘲热讽,可她竟只是公事公办地对他说:"协议签好的话,我先走了,下午还要赶航班,我接了新项目。"

她真的立即起身离开,望着她毫不留情的背影,程嘉祺终于失态地打翻了桌上尚有余温的咖啡。

去机场的一路上,叶昭一直在流泪。

时隔多年,她再见到聂梵音,本以为她会如当年般楚楚动人,却没想到,现在的她已经微微发福,甚至还带着个半大的孩子,叫昕昕。

从前她总觉得程嘉祺不爱她,是因为她不够好看,如今她却突然明白,原来他不爱她,仅仅是不爱她,跟其他无关。

所以她才会不顾领导劝阻,接下那个明知道非常危险的工作,反正这个世界上,从不会有人真正记挂她。

叶昭一走近两个月,这两个月,离婚协议生效,程嘉祺恢复单身。

多年来,他始终是聂梵音的心结,这一点,他比聂梵音更明白,所以当聂梵音催着他选婚戒时,他没有推托。

这是他欠她的,起初是欠她的深情,而后是欠她的平顺人生,他本想用别的形式弥补她,但叶昭既然想他这样,那不如干脆遂了她的愿。

想到叶昭，程嘉祺心中又是一阵刺痛。算了，他安慰自己，或许再过几个月，他就再也不会想起她。

选好戒指，程嘉祺送聂梵音回家，在她的要求下，他答应上去坐坐。

或许因为觉得尘埃落定，聂梵音身上终于寻回了一些年少时的精神气，她主动牵着程嘉祺的手，与他说起过往："你记得吗？你跟我搭讪那回，我真是被你吓坏了。那天晚上其实是我第一次失眠，本想出来散散步，没想到你像鬼一样从我身后冒出来，你不知道我有多怕……"

"你说……那是你第一次失眠？"

"对啊，"聂梵音微笑，"也是我第一次鼓起勇气一个人跑出来……"

再后来，聂梵音在说什么，程嘉祺已经听不清了，他只是想起那个在他心中盘踞了七年之久的背影，在他生命里，他无数次目送着那个背影离开。

这一次也一样。但他不知道，这是最后一次，因为叶昭，永远永远不会回来了。

意外发生得太过突然，她的同伴，甚至没有能力将她的遗体带回祖国。

她的尸骨永远沉入海底，作为她最温柔的报复，他将永远没有机会对她再说一句"对不起"，以及"我爱你"。

接到叶昭妈妈的电话时，程嘉祺刚下飞机。他试图去打捞她的尸体，却无功而返。

这个世界很大，他与她一朝分别，便是真的永别了。

"嘉祺啊，妈妈有些话要跟你说，本来这些话，按照叶昭的意愿，是一辈子都不会告诉你的，但我希望你知道，她曾经非常非常爱你，尽管你们聚少离多，但她对你的爱，不会比世界上的任何人少半分……"

时隔七年，程嘉祺终于在这天知道，关于那件事背后的故事，也知道了叶昭所谓光鲜背景的后面，究竟埋葬着怎样的悲伤。

他们是夫妻啊，恋爱两年，同床共枕了五年的夫妻，但他对她的痛苦与悲伤，却一无所知。

"这些事，她……为什么不亲自对我说？"过了很久，程嘉祺才呆怔地问。

"我也问过她，她那时是这么回答我的：'因为嘉祺他不爱我，也不相信我，所以我不想让自己看上去像个笑话。'"

听到这里，程嘉祺只觉得浑身瑟瑟发抖，他茫然地将手伸进衬衣口袋，摸了摸那枚贴着心脏放着的戒指。

那是他们的婚戒，当初在婚礼上，是她亲自为他戴上去的，虽然最后他摘掉了它，但他发现，自己无论如何都无法舍弃它，更无法舍弃她，但她却先放下了他。

程嘉祺狠狠吸了口气，两行泪顺着面颊缓缓滑落。

没有人知道，叶昭在生命的最后一刻看见了什么。在那个倒转的世界中，云是金色的，花是绿色的，树是红色的，风不再吹，而世上所有的星星，也全都寂灭。

在那个倒转的世界中，他深情凝望着她的眼，对她说："我爱你。"

蛱蝶穿风渡雪

摘自《南风》 摄影／多肉OYO 模特／豌豆儿

如果有一个就算让你顶着狂风冒着大雪也要见上一面的人,那一定是因为他值得。幸好你值得。幸好,我们都值得。

❈ 居何

1

12月31日,严素在朋友圈问:"有人一起跨年吗?"配图是星星眼的可爱小猫。

意料之中,情理之外,直到新年的钟声敲过六十下,依旧无人应答。严素气急败坏,恶狠狠地删掉了那条仅韩聿可见的动态,转头打开和韩聿的对话框,直截了当开门见山:"新年快乐!"

韩聿纹丝不动。

严素一鼓作气,再而衰,三而竭,终于蔫不唧地把手机丢开。

饶是她再如何勤勤恳恳修炼舔狗的自我修养,也还是在韩聿这座硕大无朋的冰山面前败下阵来。

虽然,万年冰山也曾是一江融融春水。

2

严素对韩聿,是一见钟情。

那年春雪回旋,落在行人肩上便变成寒凉的水。严素在小吃街上冒雪等一份期待已久的烤冷面。她刚喜滋滋地捧了一盒热气在手,转身的工夫,加蛋加肠加里脊的晚餐就因不合时宜的碰撞全数倾翻在地。

而当她循声抬头望去,又被一双澄净的眼睛夺去所有注意力。韩聿的睫毛长而密,琉璃世界里寒絮飘扬,轻盈落于其上。在她看来,像是蛱蝶穿风渡雪的翅翼。

韩聿连忙道歉,又替她另买了一份烤冷面。大概是鬼迷心窍,严素用竹签戳起其中一块,就这么鬼使神差地递到韩聿面前:"你要尝尝吗?"

韩聿并没有接受,严素投喂的习惯却一直延续到他们分手为止。从自行车后座到副驾驶位,从夏天的西瓜到冬天的草莓,从沿街售卖的栗子到严素妈妈炒的瓜子。

严素时常感到愤愤不平,算起陈年旧账来锱铢必较:"他吃过我那么多东西!"

又添油加醋地补充:"我还亲手给他做过那——么——多——好吃的!"

只是无论再如何强调,严素也没办法骗过自己——韩聿如今这颗冰山心,确实是自己亲自给冻严实的。

3

严素懂得有错就认的道理,事实上,在铸成大错后,她也确实向韩聿道了歉。

虽然态度算不上特别诚恳,言辞间也有些含糊不清,以至于韩聿听了道歉后只淡淡反问了一句:"你连自己错在哪里都没弄清楚,又何必急着道歉?"

这话说得阴阳怪气,严素听了两耳朵,刚喝进嘴的奶茶就黏糊糊地腻在了喉咙。她费了点力气把它咽下,又费了点力气回想起争执爆发的起始——不过是韩聿没等到她及时出现在纪念日的餐厅,而她被工作绊住了脚,没注意到手机的多次震动。

当严素匆匆离开公司想打车时,才发现重重叠叠的来自韩聿的未读消息。她点开对话框,看到最后一句是:"我回去了。"

手机右上角明晃晃显示的时刻提醒她,距离约定的时间已经过去 180 分钟。

倘若严素在这时及时道歉,兴许就能消弭刚冒了点硝烟的战火。但也许是冬风太冷,她冻着两只通红的爪子回信时,只想到自己来往奔波的焦头烂额。一口气顶在胸口,于是本该传达的歉意就变成了抱怨:"韩聿,你还嫌我事情不够多吗?"

在他们拉着手度过的三年里,争执与矛盾都不鲜见。虽然此前都已一一解决,似乎相安无事,但陈芝麻烂谷子的堆叠,往往会在旧账翻起时卷土重来,并毫不留情地给双方都带来致命的打击。

韩聿的沉默像是吹响了严素进攻的号角,不知从何而来的怨气逼迫她拔出利刃刺向最不想伤害的人:"毕业的时候我为你放弃了国外的研究生 offer,陪你来这里找工作……去年元旦前一天加班到那么晚,回去还熬夜给你做饼干……上个月你说你感冒了,我连夜打车给你送感冒药……你根本没体谅过我!"

明明都是心甘情愿的付出,在这当口儿全变了味,成为筹码、成为代价、成为她控诉的证据。有六角形的冰凌化在屏幕上,严素抬手去擦,却有更多温热的水滴不断溅落,怎么也擦不干净。

心口泛着酸,她咬牙撂下句:"分手吧。"

4

狠话是一个小时前撂下的,悔意是在家门口看见韩聿送的花时产生的。

是一大束卡布奇诺玫瑰。渐变的粉色深浅不一,攒在一起像半融的草莓奶糖,又甜又浓。严素急忙打开手机,果然找到配送员在两个小时前发来的短信:"你好,打了电话没人接,花放在门口了。"

严素把花抱进门,玄关处摆着她和韩聿的漫画合影——去年他们逛老街时恰巧遇上一位摆摊的手艺人,就这么画了一幅。

严素还记得那天她闹着要吃糖葫芦,

韩聿说什么也不同意,因为她在前一天刚拔下一颗智齿。严素急了,张大嘴巴给他展示那颗臼齿的缺口:"已经不流血了!"

韩聿用一只手把她的手握进自己的口袋,又用另一只手替她修正围巾的位置,语气耐心又坚定:"伤口还没完全愈合。"

严素气得一拳捶在他胳膊上:"早知道你这么烦人,我就不追你了!"

韩聿乐了,眉眼弯成上弦的月亮,把严素的手握得更紧些:"谢谢你追到我。"

话题被这么三两下一岔,糖葫芦早就被严素抛到了脑后,转而絮絮叨叨地说起他有多难追:"你不知道为了和你选到同一门课,我动用了多少神秘力量!"

韩聿看她一脸正经,忍着笑意表示自己愿闻其详的兴趣:"哦?"

严素悠悠叹了口气,从打听他的选修课到四处求告换课,欠下了无数人情债:"那可都是我用一杯又一杯奶茶换来的啊!"

好在,结果值得。

毕业时韩聿收到专业里人人称羡的工作offer,严素托着下巴,对着海外院校发来的确认信进行了一天一夜的天人交战,最后还是选择和韩聿一起来到这里。

自从韩聿拒绝了严素的道歉并选择沉默到底,严素的全部招式都像打在了棉花上,软绵绵的,半点作用都不起。

错在哪里?难道不是因为自己耽误了约会时间?严素百思不得其解,只好一遍又一遍地复盘他们的聊天记录,终于发现令对方动怒的端倪,大概率是那一句:"你根本没体谅过我。"

如当头棒喝,严素神思清明的同时陡然心虚起来——事实上,韩聿非但没有不体谅她,反而事无巨细,处处为她考虑。

他们的公司隔了大半个城区,他们的住所也因此相隔50分钟的车程——即便如此,在惶惶不安的初期,仍旧是韩聿陪她一步一步在这座城市安定下来。

哪怕是半夜发现卫生间漏水,韩聿也会立刻赶到她身边,打遍房东、物业和水管工的电话,周到妥帖地替她解决。

严素曾写下仅自己可见的动态,言说韩聿就像一朵开在冬天的花,而她是一只出现得不合时宜的蛱蝶。因为偶然嗅到花的气息,就努力扇动翅膀,费尽千辛万苦才扛过风雪,得以停留在他身边。

严素不知道这些心思一早被韩聿探知。只是在单方面冷战的第十天,韩聿终于肯回复一句消息:"如果蛱蝶觉得穿风渡雪都不值,想要换一朵花停留呢?"

来不及震惊他从何得知这些秘语,严素立刻老老实实说出自己的本心:"虫子又不傻。"她恨不得把韩聿从另一头拽过来,当着他的面证明自己的真心:"哪朵花愿意释放香味吸引它停留,哪朵花愿意敞开怀抱值得它停留——它不是不懂。"

严素等不及韩聿慢吞吞手打文字的回复,立刻拨了电话过去大声说:"如果有一个就算让你顶着狂风冒着大雪也要见上一面的人,那一定是因为他值得。"

韩聿的呼吸慢而均匀,在严素怦怦作响的心跳声里,他说:"幸好你值得。幸好,我们都值得。"

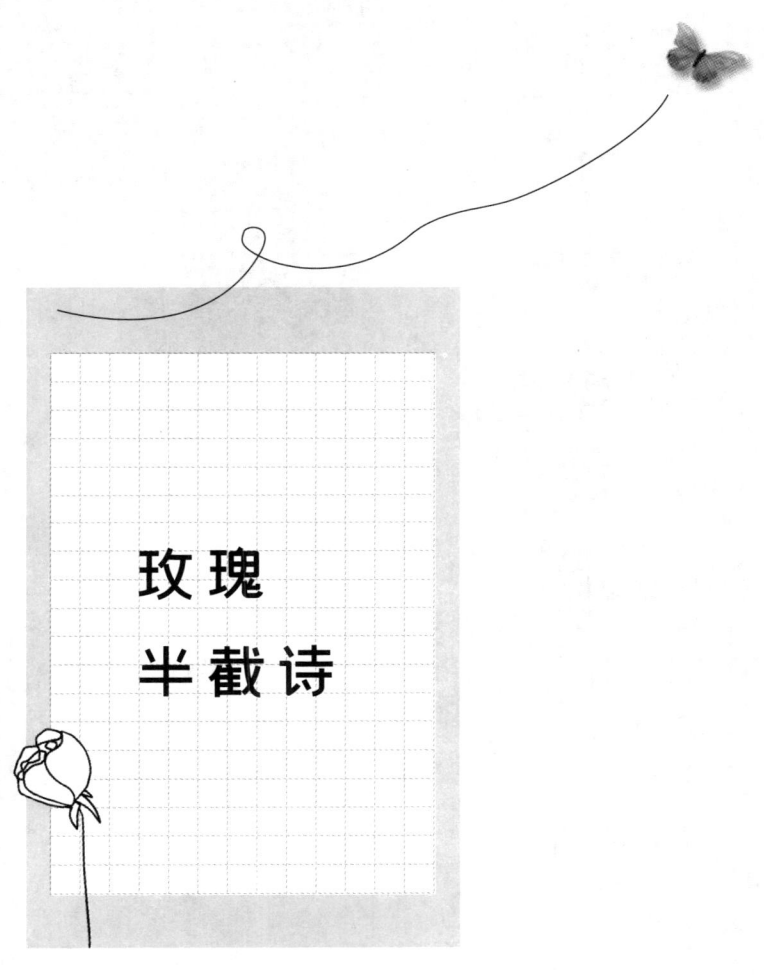

玫瑰半截诗

我们都是来自纯净天空的星星，
微小但明亮。

你比宇宙更漫长

✳ 李一枕

> 我们学会爱，学会被爱。
> 被岁月磨平棱角，不再彼此伤害。

摄影师：胥LULU

我喜欢梁又川这件事，除了他，大概尽人皆知。

梁又川的名字起得好，有山川湖海，疏朗壮阔，配他刚刚好。他个子高，总是腰背笔挺，坐我面前时，我满眼都是他的影子。

我喜欢他这样挺拔认真，因为可以借机同他搭话。可他一向高冷，上课听讲一丝不苟。我不气馁，踢他的椅子。讲台上老师正讲着二元一次方程，他微垂了头记着笔记，白色的上衣在阳光里是几乎金色的轮廓。

我看得着迷，脚下就没了分寸。我爸常说我出门不吃亏，因我力气大，掷铁饼还扔出过校园纪录。这一天，阳光明媚，在我踢到第三脚时，这年久失修的椅子轰然倒塌。梁又川不愧是我喜欢的人，出现这样的事也能不慌不乱，只微微倾了一下身子就站稳脚跟。

　　这边动静太大,老师看了过来。我学习虽好,可是并不听话,好在我爸是校董,平常小事也没人同我计较。教室里有种奇妙的安静,大家都在偷看,想知道剧情怎样发展。可他从头到尾没有看我,向老师报告说:"我的椅子坏了,能站着听讲吗?"

　　若我是校园一霸,那梁又川就是老师的心肝宝贝。他得了允许向后走去,路过我时,看也没看我故意伸长出去绊他的腿,就这样同我擦肩而过。我看他站在最后,腰背仍笔直,眉目冷淡,却又聚着光芒。

　　那张坏了的椅子被丢在后面,第二天,我要人送来一张人体工学椅,放在梁又川座位上。我喜欢的少年,一定要有挺拔漂亮的身形,这样才不辜负他如花似玉的一张脸。若是弯腰驼背,实在是大煞风景。

　　这天我难得来得比他早,在位上坐立难安。等他来时,我却又低下头装作很忙的样子。余光看着他越走越近,还在心中畅想我同他的对话。

　　我想象里,当他对椅子表示好奇,我就要若无其事地说:"昨天弄坏了你的椅子,赔你一把新的。"

　　这台词看起来平平无奇,实际上却一定要够云淡风轻。我把每一个字反复斟酌,务必要我们的对话完美无缺。可惜,梁又川这个人很讨厌,从来不肯让我满意。我看见他拖起那把椅子丢在了后面。

　　那椅子与垃圾桶为伍,看起来有些委屈。而梁又川则借了一套工具,把他坏了的椅子缝缝补补修好了。等他坐下,我就用圆珠笔点他的后背。他不理我,可我很有耐心,到了第十五次时,他终于转过头来问我:"干什么?"

　　"作业借我抄一下。"我说完,看他要转过去,连忙改口,"不借就算了,我问你,为什么不要新椅子呀?"

　　他看我一眼,大概觉得我这样问很奇怪,却还是回答:"不喜欢。"

　　他说话言简意赅,我在心底数着,这一天他一共和我说了六个字。

　　六个字,多么好,四舍五入就是一整段话。我忍不住笑起来,看到他的侧脸,雪白干净,眉头皱了一点,大概嫌我耽误了他好好学习。

　　他真有意思,我想,除了不喜欢我,简直完美无缺。

　　教室里渐渐响起了读书声,别人勤勤恳恳像是小蜜蜂。可我在这里斤斤计较,思忖着他的一举一动。我百无聊赖,拿笔在纸上写他的名字,写够一百个就叠成千纸鹤。最后一张纸,我狠狠写:梁又川是猪头。想了想又划掉,在旁边用小字写:我喜欢猪头。

　　这一天,离我十三岁还有三个月。日后想起来,原来我十二岁时便已会拈花惹草。梁又川与我同岁,同样十二岁的梁又川啊,已经学会冷着脸对我说:"不喜欢。"

　　他喜不喜欢并不重要,因我喜欢他,所以就要把最好的都送给他。

　　这念头执拗又可笑,若是多年后回顾,自己都要面红耳赤。我对他的好,不过是在强人所难。可惜那时我不知道。

　　直到很久以后,我都不知道。

2

若是大言不惭说,我同梁又川算是天生一对。毕竟我们都聪明,他常年年级第一,我就在他后面,开开心心当个第二。校园里栀子开了满栏,我花粉过敏,还要大步向前。

他走前面,手插袋中,背包姿势都比别人好看。我装作偶遇,打斜里冲过去,想要一头栽进他怀中。可他啊他,居然背后长眼,向左迈了一步恰好同我错开。我收力不及就要跌倒,他又伸出手来,拉住了我的书包带子。

我就像是个歪歪扭扭的小陀螺,离他一步之遥,却被推得远远的。他收回手,又要和我擦肩,我连忙说:"冯老师要我来找你的!"

冯老师是我们的班主任,我们都说她一定是把梁又川当亲儿子看,不然为什么对他这样好?闻言梁又川果然停下,问我说:"冯老师有什么事吗?"

他是个非常知恩图报的人,对他好的,他都要努力偿还。我晓得搬出冯老师有用,笑眯眯说:"你下周不是要去参加竞赛?我也要去。冯老师说要我送一送你。"

栀子花真香,呛得我头昏脑涨眼泪汪汪。隔着迷蒙的影子,我看他又皱了眉。他眉骨高,眼睛深邃漂亮,走冷酷路线实在迷人。可我想要他对着我笑,对我柔声细语,而不是这样嫌弃地同我说:"不用了,我自己去。"

我好生气,又要维持淑女风采,左右为难,只好说:"可是很远……你是自费去,学校不报销路费的。"

其实这话我说出来就后悔了。我晓得梁又川家境不算太好,常年拿优秀生补助。可这样的事,哪好直接说出来。我站在他面前,不再理直气壮,委婉地说:"我的意思是……我也要去,一起搭个伴不好吗?"

"心领了。"他说,"我已经买好车票了。"

他又走了,我看着他摆了摆手,装作和他说再见。回去以后我就找了我爸,要他替我查梁又川的行程。

我爸工作忙,却总抽时间陪我吃饭。他听我喋喋不休讲梁又川,有点酸溜溜说:"你才多大,就学会喜欢人了?"

我翻个白眼:"喜欢人不用学,这是天赋。"

我爸却有点怅然:"喜欢是不用学,可怎么喜欢却要想一想。"

我知道他又想到了我妈。他和我妈自由恋爱,也是可歌可泣一段情,可是后来不知道怎么闹了矛盾,最后劳燕分飞。他痴情,同我一样。我没敢说话,他已经恢复正常说:"成啊,爸爸帮你这个忙。"

3

第二天下了点小雨,温度不高。我很体贴,带了个热红薯上车。车上,梁又川果然已经坐在那里,看到我,他眼神变了变。我怕他说出什么让我难堪的话,抢先一步说:"这么巧呀?"

傻子也晓得这不巧。

他买的是硬座,坐十四个小时去往另一座城市。若是我,一定会坐飞机。可我喜欢他,愿意迁就。

他点了一下头，便看向窗外。我小心翼翼坐在他身边，没话找话说："我第一次坐火车，梁又川，你吃红薯吗？"

"不吃，谢谢。"

唉，他真冷淡。我自己剥了个红薯，吃了两口就堵在胸口。另一个被我推到他手边，因为我注意到，他穿得不厚，手腕冻得微微发白。

我希望他能温暖一点，即使这温暖不是来自我，来自一个红薯也好。可他立刻将手收回去。我眼睁睁看着那个红薯没了热气渐渐冰凉，像个木头一样死气沉沉。

这一节车厢的人很少。天色慢慢、慢慢地暗下去。日光伶仃，没有晚霞。似乎人心情不好时，黑暗是一瞬间来临的。火车驶入了暗长的隧道，我自小怕黑，心慌意乱地去摁手机，一不小心弄掉在地上。

那一声很响亮，我摸索半天无果后，还是小心地向着梁又川的方向伸出了手。

他不喜欢别人碰他，不知道是洁癖，还是单纯讨厌我。我的手落在他的衣角，没敢用力，保证他稍微一动就能抽开。时间过得很慢，我等着他拒绝，可他居然就这样任由我触碰着他。

隧道好长，却又很短。我借着应急灯微弱的光望着他。他还是没什么表情，手里握着一卷书，应当密密麻麻写满他的笔记。

我晓得他和我是完全不同的。我们都聪明，学习都好，可我是玩票，仗着聪明胡作非为。他则永远向前，不肯懈怠分毫。

当光明涌来时，我长长地出了一口气。

他弯下腰，替我把手机捡起递过来。我道了声谢，他淡淡回答说："不客气。"

时间轻轻走，我实在无聊，最后睡着了。醒来时头靠在他肩膀上，身上还披着外套。

他还在看书，睫毛垂下去，好浓密，像是一把小扇子。我手痒痒，想要碰一碰，大概真是睡昏了头，居然真的伸出了手。他突然看过来，我吓一跳，呆呆看着他，手还举着，像是个傻瓜。

"你睡醒了？"他问我，"还有半小时就要下车了。"

我"哦"了一声，挣扎再三，还是说："我能不能碰一下你的睫毛呀？"

他看着我，我就心虚："不行的话就算了……"

"可以。"

我是不是听错了？他居然说可以！我的心不争气，跳得几乎要跃出来。颤颤巍巍伸出手，屏住呼吸碰了一下。

他的睫毛像是蝴蝶翅膀，我离他太近，手腕触到他的呼吸，一下一下，又凉又软。

"谢谢。"

我不好意思厚着脸皮碰太久，收回来又道谢。他又说了一句没关系，想了想又说："尹旧意，你天天在想什么？"

他念我名字真好听，生生把这普通的三个字，念成一首诗。我还没回过神，有点呆看着他。他忽然伸出手，替我把贴在头顶的一片纸屑捻了下来。

"该下车了。"他说，"人多，跟好我，别走丢了。"我快乐地应了一声，第一次走在他身后也这样开心。

这次和他同行，我受益匪浅。其一，他睫毛很长却又很软，所以向下垂，像是扇子。其二，他似乎并不那样讨厌我，至少在我睡在他肩头时，没有抽身而去。

竞赛他得了第一。颁奖时，我站在人群里。待他上台时，努力地拍着巴掌。他依旧从容，眉目淡然地接过奖状。视线扫过人群，在路过我时暂停一下，只是一瞬，便又离开。

回程时，我抢先一步买好了票。仍旧是火车，却换到了头等舱。他没多说什么，同我一路回来。车站口我爸派来司机接我们，我盛情邀请他一道，他将手里替我提着的背包递来，慢慢说："尹旧意，我不需要你的同情。"

他说我是同情他，实在是冤枉了我。他这样好，我仰望还来不及。可他和我一样，才十二岁。十二岁的少男少女，懂得什么叫喜欢？什么又叫施舍？

我一时说不出话，觉得好心被当驴肝肺，又怕他真这样想再也不理我。人潮来来往往，他没入人潮，逆流而上。司机跑来接我，看我站着不动，问我说："小姐，咱们不走吗？"

我这才回过神来，随他往车边走。司机替我接过背包，却又说："这里怎么有个信封？"

我慌忙拆开，从里面数出了四张百元大钞。钱是红色的，鲜艳夺目。我一瞬间气得要命，随手摔了出去。钞票从信封里滑出来，被风卷着吹走了，我抹一把眼泪，装作若无其事地说："没事了，我们走吧。"

我爸知道这件事以后笑得要命。我趴床上，哭得眼都肿了。

"这小子有骨气。"我爸总算笑够了，安慰我说，"你说你，也不和别人商量就自作主张，这毛病真该改一改了。"

我同梁又川的故事似乎永远如此。我一味强求，他一味躲闪。

可我的快乐与不快乐，却永远系在他的身上。

初中这三年过得实在平淡。

梁又川在初二的某一个午后被调离我的身边。他坐第三排正中，面对黑板，春暖花开。我坐窗边，看枝头一朵小桃花悄悄探出头来。可风一吹，又落入了尘埃。

我们之间最亲密的瞬间，停留在那列火车上。那狭窄脏乱的车厢，我们两个面对大排空荡的座位。他看着书，我看着他。我的头曾经停靠在他的肩头上，甚至还触碰过他的睫毛。

我有时会想，那是不是我在无聊中幻想出的画面？不然他为什么仍旧对我这样冷漠。

高中时我们班三分之一的同学直升校本部。我在一班，最好的那个班，梁又川也在。

他当上了班长，还有学生会干事。我看着那张申请学生会的表格，随手揉成一团说："谁会愿意去，我玩儿还没时间呢。"

这时我进入青春期，身形拔高，激素胡乱分泌，叛逆得一塌糊涂。我有钱，身边总跟一堆狐朋狗友，闻言都给我捧臭脚："尹尹说得对！谁去谁傻！"

我听了很得意,看向远处。梁又川正站在讲台上,认认真真擦黑板。白色的粉末落下来,像是一场三月的雪。我们这边沸反盈天,可他充耳不闻。

我忽然就没了兴趣,抽出几张钱说:"我要吃雪糕。"

一群人争先恐后地走了,我趴桌子上,歪着头看梁又川。他擦好了黑板,回位置上开始温习功课。一切都相安无事,空气也是温暖的。我开始犯困,还没有闭上眼睛,就看到有人拿笔轻轻地碰了碰梁又川。

是他的后座,我们班学习委员。长得不算太漂亮,只有一双眼睛值得说一句清澈。她不大讲话,听说家境普通。我瞪大眼,看着梁又川转过头,对着她笑了一下。

他怎么可以,对着别人笑!

我想起自己的那十五次,想起他转过头的冷淡。原来不是这样,他不是对谁都冷淡。

那一瞬间,我觉得天塌了。少年时每一次的爱恨都是一场厮杀,快得令人望而生怯。许多年后,我再遇到梁又川,那时我们都已经足够成熟,我问过他,为什么不肯喜欢我。他没有犹豫,很平淡地说:"你的感情太盛大热烈了,很容易刺伤别人。"

如果是二十多岁的我,一定不会刺伤他的。可那时我才十六岁。

我在梁又川低下头在纸上写着什么时,站起身踹翻了桌子。我做这样的事时很从容不迫,甚至没有动怒,笑眯眯站在那里。全班都看过来,我问他们:"看什么?"

有人转过头不想惹事,有人不屑,有人看热闹。我的跟班们两手空空回来,看我这样,吹口哨拥过来:"尹尹,怎么了?"

"我的雪糕呢?"

"朝晚拿着呢。"

孟朝晚这个人很奇怪,除了长得好看,似乎没有什么特长。可我晓得他,他爸同我爸是平起平坐的身份。我没心思拆穿他装作平凡的无聊举动,只是等着他。

他走在最后,抱了一个大大的纸箱子,我有些惊讶:"这是什么?"

"雪糕。"他把箱子放桌上,打开箱子,露出满满的雪糕,"不知道你爱吃什么,就都买来了。"

我瞪着他,他很无辜地看我。半晌,我哈哈大笑,说:"你是不是喜欢我?"

他皮肤白,长得很秀气。闻言似乎吓一跳,看着我,脸红得藏也藏不住。他这反应太"可口",很能取悦我那一刻伤心又自卑的心。周围人又开始起哄,叫告白的、说不准早恋的。半晌,孟朝晚像是下了决心:"尹尹,我……"

可教室门猛地被推开,老师走进来,环顾一圈说:"闹什么,还不回位置上坐好?"

大家一哄而散,孟朝晚替我把桌子扶起来。小声说:"放学等我。"

等什么他没有说,我猜得到,却没往心里去。因为我看到梁又川站在老师身后,是他去通风报信阻止了这场闹剧。

梁又川啊梁又川,我想,你是不是不愿意别人对我告白?

放学时我一马当先,冲到了停车棚。

过了一会儿看到梁又川慢慢走来。他身边跟着学习委员。

我问他："是不是你把老师叫来的？"

别人以为我来兴师问罪，迅速给我们让开场地。可谁能知道，我心跳很快。想要他验证我的猜想。

可他没理我，从我身边走过。我眼疾手快，抓住他手臂，瞪着他说："你说话啊！"

"尹旧意。"他说，"我对你们的闹剧没兴趣。我只是凑巧和老师一起进来。"

他也说是闹剧，和我心有灵犀。我没出息，这样都想要笑，连忙忍住，装作凶狠："那你是不是也喜欢我？"

他不晓得，我鼓足多大勇气才敢问他。所有的若无其事，心底都翻涌着一场狂风暴雨。他总算正眼看我，半晌，回答说："你是不是觉得，所有人都要喜欢你？"

"你怎么这样说话！"

"不然你想要我怎么回答？"他挑了挑眉头，竟然有些刻薄，"我喜欢你，尹旧意，你想听我这样说？"

他原来会这样说话……我几乎茫然了，看着他觉得有些不认识了。一边有人小声说："你放开他吧……"

我猛地看过去，不知道眼神有多么凶狠，竟然吓得她后退一步。她穿校服，拉链规规矩矩地拉好，一看就是个乖乖女，可她鼓足勇气对我说："你伤到梁又川了。"

顺着她的视线，我看到我的手紧紧抓着梁又川。由于用力太大，长长的指甲刺入肌肤，有血流出来，不多，只是小伤口，可我竟然没发现。

我像是被电了一样，立刻甩开手。学习委员上前，把纸巾递给梁又川。他接过来，道了谢，又问我："还有什么事吗？"

"……我不是故意的。"

"我知道。"

他说完，去推出自己的单车。学习委员犹豫一下，走过去，坐在他的后座上。

是什么时候的事呢？我茫然想，原来他们早就已经这样亲近了。

他们走了，我抬起手，看到指尖还残留一点暗红。我打个哆嗦，冲到水龙头那里，用力搓洗双手。水流很大，冲得双手冰凉，晚霞像是烈焰，大团大团涂抹。我终于忍不住，低着头哭了出来。

我把手指甲全部剪短了。

剪的时候大概是因为哭得太惨，眼睛花，不小心就剪流血了。我爸看到，吓一跳："你这是做什么！"

我大哭："爸，喜欢一个人好难啊。"

我爸拿我没办法，安慰我说："不难，不难。不就是喜欢个人吗？尹尹不伤心了。"

他笨拙地安慰我，我越发难过，觉得委屈同自责。可一切都是梁又川的错，如果他肯老老实实喜欢我，该有多好？

是啊，我就是这样自私的人。我才不管别人怎么想，我要的东西，一定要到我手里。

等我去上学，孟朝晚立刻问我："这几天怎么请了病假，没事吧？"

我对他有些内疚，因为听说那天放学后，他等了我两个小时。喜欢是这样野蛮的事,不讲一点道理。我勉强笑了笑:"也没什么,感冒而已。"

他闻言替我接了热水,又去买来蛋糕。我接受得敷衍,余光一直看梁又川。我进来时,梁又川连眼睛都没有抬起一点。我心里难过,恨不得大喊大叫。

我过不好,别人也不要想好过。

第二天我那一群人都不交作业,小组长拿我们没办法,最后只好让学习委员出马。我们班是最好的班,过去哪有人不交作业。学习委员走过来,大概没见过这样的事,脸都涨红了,低声说:"为什么不交作业呢?是忘了带吗?"

"没带就是没写。"有个人大声说,"我们就是没写!"

所有人哈哈大笑,要她下不来台。我笑着说:"我写了,这就交给你。"

她看我一眼,咬住了唇,楚楚动人的样子。我看梁又川那边没反应,于是拿着一摞卷子,随手丢在了地上:"这是我们的作业,可惜我手滑了,你叫什么来着……麻烦你捡起来吧。"

值日生刚拖完地,湿漉漉的。最下面的几张卷子迅速被洇湿了。我知道她是个乖孩子,老师给的任务一定会努力完成。

我看着她要弯下腰去,手臂却被人一把抓住。梁又川站在她身后,可是直直看向我。我不畏惧,同他对视,还带着笑容:"英雄救美?"

"尹旧意,"他问我,"有意思吗?"

这可真是太有意思了,我想说,可是那颗柔软矫情的少女心,在他的眼神下蜷缩成一团。到底是我先移开视线,自己把卷子从地上捡起来,拍了拍,递过去说:"开个玩笑而已。"

"这不好笑。"他接过来,很冷淡说,"不要拿别人开玩笑。"

"喂。"我坐在桌子上,晃着腿说,"那我不开玩笑了。梁又川,我讨厌你。"

可他不在乎,把我们的名字记下交给了老师。那天我们因为不交作业被罚叫家长来。这么大的人了还要叫家长有点儿丢人,我打电话给我爸,笑着跟他说了,他听完,忽然跟我说:"尹尹不哭了。"

我说我没哭,可他又说:"有爸爸在,不伤心了。"

我们的教室在六楼,校园最高点,举目望去,零零落落人流如蚁。远方天幕流淌着日光,一直流进了眼睛里。

"我晓得的。"我说,"爸,我晓得的。"

我一向觉得自己无所不能,可是原来并非如此。

人有生老病死,有爱恨情仇,所以不能心想事成。我讨厌梁又川了,因他这样坏,不肯喜欢我。可我又不甘心,所以我在某一天,跑到了梁又川家里。

他家住拆迁区,老房子还带着小小的院子。我在门口徘徊很久,犹豫一下还是按了门铃。又过了半晌,才有人来开门,问我说:"请问是哪位?"

"我叫尹旧意,来找梁又川的。"

"哎呀,是又川的朋友吗?"

门彻底被打开,我看到梁又川的母亲,坐在轮椅上,笑盈盈看我。梁又川的好相貌应该来自他母亲,一样漂亮的眉眼,我看着她,有些害羞,她却已经来握我的手了。

"又川不常带朋友回来，快请进吧。"

同我想象的不同，梁又川家小却干净，收拾得整洁，窗台还放了一枝花。地上有水痕，应当是刚拖完地。我左顾右盼，被阿姨看到了，笑着说："又川出门买菜了。你稍等一会儿。"

"谢谢阿姨。"我斟酌着说，"可我没有和又川约好，这么来了他会不会生气呀？"

"你这么漂亮，谁舍得向你生气？"

若是梁又川有他母亲一般的口才，我也不会总被气个半死。我同阿姨聊得很开心，甚至没有注意到梁又川走了进来。他穿长裤T恤，头发有一点乱，看到我愣了一下，向着我点了点头。

阿姨训他："怎么也不打招呼？"

他这才不情愿问："尹旧意，你来干吗？"

"我……我来看看你。"我装可怜，"不然我还是走吧。"

可阿姨喜欢我，拉住我的手，要梁又川同我赔不是。我像个奸佞小人，听他说对不起时，大度说："没关系。"

我心里乐开花，他已经转头去做饭。他居然会做饭，我简直像中了头奖。饭很简单，三菜一汤，我胃口大开，阿姨笑着替我夹菜，他皱着眉头看着我。

我才不管他开不开心，我喜欢阿姨，才不是喜欢他。

吃完饭，阿姨去午睡，要他切西瓜给我吃。小院子里有一棵大树，枝繁叶茂，梁又川替我搬了一把椅子来，切了西瓜给我。

我没这样吃过，在家有人替我切成小块。我拿着西瓜，感觉汁水顺着手指流下来，求救说："怎么办，怎么办？"

"还能怎么办。"他拿了纸巾替我擦干净，无可奈何说，"尹旧意，你怎么这么笨？"

"是你太聪明了。"我小声嘀咕，"对我这么凶。"

他啼笑皆非："我为什么要对你好？"

"因为我喜欢你啊。"想想我真是彻底不要脸了，就这样拿着西瓜同他说这个，不知道是不是因为在他熟悉的地方，他竟然笑了："你喜欢我什么？"

喜欢他什么？

风恰好吹来，吹得树叶沙沙作响。我咬了一口西瓜，甜得要命。我想说很久很久以前的事，可是到开口，却还是那样不正经："因为你长得好看。"

"还有呢？"

"还不够吗？"

我和他对视，片刻，他移开眼睛说："我和宋佳约定，要一起考去北京。"

他说完，我愣住了："宋佳是谁？"

他也愣住，半天，慢慢说："是学习委员。尹旧意，是不是在你眼里，别人都是无关紧要？"

我委屈得要命，有他在，我怎么顾得上注意别人？可刚刚那样明媚温柔的气氛不见了，他又变回学校里的那个他。

我坐着，他站起来往屋子里走。又是这样，总要我看他的背影，我又急又气，说："梁又川，你和她去北京，我怎么办？"

他转过头，看着我说："尹旧意，你有你的人生，和我一点关系都没有。"

六月底的天空是一望无际的蓝。可我的世界下起大雨。十七岁的这一天，他同我说:"你的人生,和我一点关系都没有。"

我喜欢他,喜欢了快十年了。十年时间很长也很短。有什么泛滥成海,千树万树,可却开不出花朵。

我本来应当气势汹汹,应当像过去一样蛮横。可我没有胆量了,我什么都不敢说,只能在树下,捧着一块西瓜,小声地说:"你别走。"

6

我最后一次挽留梁又川,是在高考前一天。我一定是发了疯,才会这样不管不顾。我站在他家门外,一下一下敲门,我听到阿姨说要来开门,却被他制止了。

这城市看不到星星,我敲得累了,在门口坐下。许久,他终于开了门,问我:"你又想做什么?"

"我来见一见你。"我回答他,"别去北京了好不好?我让我爸给我们找好了学校,一起出国好吗?"

他闻言没出声,我就自顾自地说下去:"梁又川,别去北京了,你想要什么我都可以给你……"

"我要你不要打扰我。"他忽然打断了我,"你不要再打扰我的生活。"

"我这么久以来,只是在打扰你吗?"

"不是吗?你随意介入我的生活,用你的自以为是摆布我的人生。开始只是车票,现在又是学校,未来你还想要我做什么?"

他的语速不快,可我却接不上话,结结巴巴反驳:"可我……我只是喜欢你……"

他微微挑起唇角:"你的喜欢,并不比别人的要矜贵,没道理你喜欢了,我就要感恩戴德地接受。"

这话太重了,我真的没话说,可他却又说起不相干的事:"你知道我母亲双腿为什么无法行走?因为她爱上了错的人。那人有钱却懦弱,同我母亲私奔却又受不了贫穷。我生下来就没有父亲。而我母亲,则因为想要追回那个男人出了车祸……"

我预料到他要说什么了,我不想听,可他还在继续说:"不同世界的人,注定不会在一起的。我们从来不在一个世界。"

"如果我愿意和你到一个世界呢?"

我大概是哭了,满眼都是泪,以至于看不清他的样子。他蹲下身,在我面前,用手替我把眼泪擦掉。

可他说:"那样的话,我们都不会幸福的。"

"梁又川!"我抓住他的手,"如果我不是尹旧意,你会喜欢我吗?"

如果他说会,我就不放弃。但他啊他,还是那个少年,害得我哭了这么多次,到了最后,还要我哭。

"没有如果。你永远是尹旧意,而我永远是梁又川。"

所以……我们永远不会在一起。

太残忍了,十八岁的我,觉得这话残忍至极。我不能再看到他了,不然我不确定自己会做什么。

高考我没有参加,最后一次同学聚会也没有去。我听人说,梁又川果然考去了北京,宋佳发挥失常,继续复读。

人生就是这样,许多计划好的事,到头来却不会实现。我一直以为总有一天,会同梁又川在一起。可原来只是一厢情愿。

我去了国外，念艺术专业，听音乐会，同英俊的男孩子约会。我学着看一看别人，学着记住别人的名字。我过去的生活塞满了梁又川，连爱自己都忘记了。

我以为他的名字再也不会出现在我的人生里，可没想到，到底还是出现了。

是在某个酒会上，有人邀请我跳舞。我百无聊赖抬起眼，却愣了一下："是你？"

是孟朝晚。他还是那样好看，笑着问我："有这个荣幸吗？"

年少时我亏欠了他一个傍晚，所以我同他跳了一支舞。跳完之后，他带我到天台，说有话对我说。

"尹尹。"他替我披上外套，"毕业时你没来，真的很可惜。"

"怎么说？"

"那时我们计划，要替你揍梁又川一顿，可你没来，师出无名，只好作罢了。"

我被逗笑了："该打的，替我出口气。"

"其实我还是去找他了。我气不过，想要打他一顿，可惜那小子太厉害，居然打成平手。不过我问了他一些问题，录了下来，可惜没找到机会放给你听。"

我装作漫不经心，其实手都在抖。原来这么多年，我听到他的名字还是会这样。

感谢科技发展，这样久以后，这声音依旧清晰。我贪婪地听，听着十八岁的梁又川淡淡地说："我不喜欢她。她是很好，可那不属于我。我把刻薄、坏都给了她，她不在乎，我会在乎。"

录音里像是有风声，呜咽着吹过来，他停顿一会儿，慢慢说："她适合和你这样的人在一起，而不是我。"

我没继续听下去，笑了一下抬起眼睛。孟朝晚迟疑地将纸巾递给我，我只是说："他把刻薄和坏都给了我，我是真的不在乎。"

"他知道。可他那时才十八岁。"

是啊，那时的我们才十八岁。人生分岔口，又能明白什么未来同永远？如果爱情也有小老师就好了。教会我们如何彼此爱对方，而不是像刺猬一样，扎得头破血流。

站在露台上，我把身子努力探出去。城市都安静，灯光如海。我的头发被风吹乱了，让我想起那一年。我爸和我妈闹离婚，没工夫理我。保姆偷懒出去玩了，我自己待在家里。怕得要命，赤着脚跑上街，哭着要找妈妈。没有人看到我，所有人都行色匆匆。只有他，忽然跑过来拉住我的手，问我说："你要去哪里？"

我说不清要去哪儿，他就小大人一样皱起眉。想了想，从口袋里掏出一根皮筋。那是用来绑袋子的，很丑，可他的手很温柔，替我把头发扎好说："别哭了，哭了就不漂亮了。"

那是我少年时代所有快乐的开始。是要我们在所有人之前相逢。

我大笑，笑出眼泪，听到录音里的最后一句，他也笑了一声，轻轻说："如果我们晚一点遇见，也许会不一样……"

是啊，如果晚一点，也许会不一样的。

我们学会爱，学会被爱。被岁月磨平棱角，不再彼此伤害。

我们会走远一点，小心翼翼，不那样蛮横倔强。是不是，可以走到最后？

梁又川，你说是吗？

玫瑰半截诗

地下餐厅

▶▶……✽ 顾一灯

> 忙碌到每一分钟被安排得明明白白的高中时代，地下餐厅是一处避风港。它象征着隐秘而不为人知的存在，短暂的逃离带给我们加倍的快感。

1

后来我才知道，几乎每所中学对面都有一排小餐馆。北京是这样，北城也是这样。

五年前的六月，我在北城一中读高二。我还清楚地记得13号是周二，下午最后一节课上数学。老师背对着我们，在黑板上写下一行行推导过程，我没有动笔，目光聚焦在她头顶的挂钟上。指针转动，离五点半越来越近，左脚慢慢探出桌子下方狭窄的空当，踩上过道。铃声响起，教室里一阵骚动，温柔的女老师将粉笔顿了顿，无奈地说"明天再讲吧"。话音还没落，我便跳起来往外冲，前面居然已经堆了七八个更快的家伙。

上周刚刚翻身得解放的高三生早没了踪影，高一的小朋友拿出百米测试的架势向食堂冲刺，高二的同样也在跑，不过更多的不为了去哪里，只是迫不及待地要逃离囚禁了他们一天的课堂。而我朝着校门奔跑，要早早地到街对面的地下餐厅，看NBA比赛的回放——今天上午是总决赛最后一场，金州勇士队战胜了克利夫兰骑士队，捧起了金灿灿的奥布莱恩杯。在我心里，这是比新课、作业和期末考试更重要的事情。

每个比赛日的傍晚，都会有许多男生女生聚在这里。餐厅菜品不多，无非意面、盖饭、炸鸡、薯条一类的简餐，还有用廉价粉末冲成的奶茶和咖啡，但不知道用了什么秘制调料，咖喱浓郁，炸物多汁，十分美味。前方摆着一台巨大的液晶显示屏电视，能应我们的要求看各种赛事回放，这是它最吸引我们的地方。

我要早早去占两个绝佳的座位——一个给我,一个给李镜。

我的初中同学李镜,我的好朋友李镜,第一个带我看NBA的李镜。

我和李镜的座位,四年间都只隔着一条狭窄的过道。我对他的第一印象,是高高瘦瘦、皮肤黝黑,看起来颇为机灵。我们经常无意义地拌嘴,胡扯一些编排对方的小段子。也有偶尔太平的时候,会分享通俗小说之类的。

与班上大多数男生一样,李镜喜欢篮球,每逢体育课的自由活动时间都会去打一场。我知道他们周末常聚的地点,市图书馆背后的土操场,或者航空学院里的篮球馆。

李镜还会在报刊亭买最新的报刊,《体坛周报》《篮球》或者《NBA特刊》。他把其中几本塞在抽屉里,来回地翻。有一天他喊我帮他拿东西,我把桌子里乱七八糟的杂物一堆堆往外扒拉,不小心将其中一本弄掉到地上,被班主任抓个正着。

因为带闲书进校园,李镜被骂了一顿,书也被没收进班主任的百宝箱。他嘴上说着没事,但这个篓子是我捅的,我怎么会没有觉悟收拾。我在孔夫子旧书网找到这期旧刊,或许因为詹姆斯的封面,原价十块的杂志现在居然卖到两百三,真是让人肉疼。这感觉仿佛碰上来抢钱的劫匪,明明心里冤枉得不得了,却不得不乖乖掏出钱包双手奉上一样。

将书还给李镜时,我和他吐槽这玩意儿的昂贵,引发两人你一言我一语的斗嘴,

我说搞不懂这比赛有什么好看的,你居然这么着迷。李镜很是不服,一定要拉我去看一场,为他热爱的运动正名。恰好那周,班上的男生借了一间航院的教室看球,我也不情不愿地加入其中。那是当年的全明星赛,众神云集,精彩纷呈。

我没想到,自己会成为同样为之痴迷的一员。

顺着通向地下一层的楼梯一路小跑,我成了前五个到餐厅的人之一。今天我付钱,两份意大利肉酱面,外加一盒炸鸡翅。我们在这儿的消费是一笔糊涂账,谁想起来谁买单,不过我们并不在意,已经有人轻车熟路地开了电视调台,屏幕显示出上午直播的画面。李镜来得略晚,我知道原因,他喜欢的队伍输了,难免有些沮丧。

李镜最爱的球员是骑士的詹姆斯,他喜欢小皇帝强悍的统治力,崇拜那份敢于在社交媒体自称王者的霸气。而我欣赏杜兰特,无敌的单打真让人赏心悦目。之前西部决赛被勇士连扳三局逆转后,他离开雷霆加盟勇士,引来不少非议,但我能理解他对总冠军的渴望和决心。今年能圆梦,又拿下了总决赛的最有价值球员,让人由衷地为他高兴。

那一餐饭吃得拖延而漫长,伴随着无数"好球"的呼喊,极致的能力、精妙的配合都让我们惊叹。直到不知谁惊呼一声"打预备铃"了,大家低头看表已经六点二十五,才纷纷咽下刚刚还火热的交谈,重新朝校园跑回去。

高中的大作文，以议论文为主，偶尔语文组老师会换换口味，给些宽泛的命题，让大家写记叙文。有一回题目叫"我最爱的……"，刚打在投屏上，就引来一众起哄。

后来我问李镜，你写篮球了吗，他说没有。记叙文对我们来说是大难题，我们不喜欢把最真实的经历、最真切的感受在台面上摊开，供同学阅览、老师评判。只有暑假来学校上奥数社团课，然后去地下餐厅吃饭的时候，我们才会谈起这样郑重的话题。

"问你个事儿。"

"嗯？"

"为什么喜欢篮球啊？"

"每天上课、写作业太闷了，只有打球和看球，才会给人肾上腺素飙升的感觉。也想在某一个领域，成为和那些球星一样厉害的人，大概就是这样吧。你呢？"

"我喜欢和我的性格有相似弱点的人，看到他因为这些缺陷受挫，又看到他试图战胜它们，真让人振奋。然后回到自己的生活里，就觉得没什么事过不去，突然又有了继续升级打怪的信心。"

"所以，你觉得自己和杜兰特很像咯？"

"有点吧。"我认为我们同样敏感而好胜。

"咳咳，你还真会往自己脸上贴金……"

这种嘲讽的语气！我卷起菜单敲了下他的头，又夺走了他最爱的鸡翅以示报复。

假期的地下餐厅人迹罕至，白色的桌椅干干净净，没了曾经频繁流动而来不及擦拭的油渍和碎屑。老板娘难得重获掌控电视的权利，斜倚在柜台上看中央八套电视连续剧。和平日的紧赶慢赶不同，现在这里的时间变得很慢，来的次数多了，他们甚至记住了我们最常点的食物，一见着我们，就问是不是老三样。休赛期的餐厅，由此多了让我难以割舍的情结；难熬的奥数课，竟然成了令人期待的日程。

听已经大学毕业的师兄说，地下餐厅是六年前搬进来的。一中附近好吃的很多，新店起初门可罗雀，直到老板娘买来这台电视机，情况才有所改善。餐桌左右两面墙壁，都由一届届学生装点，他们买来大幅的海报、打印全彩的照片贴在墙上，还模仿球星的笔迹写下盗版的签名。连对篮球一窍不通的老板娘，耳濡目染久了，也能凑热闹讲两句最新的赛况。

我和李镜在这里看过近百场比赛，见证了勇士的两连冠，也分享过许多琐碎的心事。父母的争吵、砸锅的考试，只要说出来，哪怕一时没有解决的办法，心里也会舒服很多。累得麻木到不想上晚自习的傍晚，看一阵球，吹着风回去，身体便注入了新的动力。

沉浸在这样的乐园里，从没想过会有离开的一天。高考后，卸下重担的兴奋又压倒了一切。我和李镜考去了不同的城市，一北一南，联系局限在微信上，越来越少了。

之后我去过许多地方看球赛，异国的球场，工体的酒馆，还有朋友宽敞明亮的客厅。然而比起简陋的地下餐厅，总觉得差了点什么。

忙碌到每一分钟都被安排得明明白白的高中时代，地下餐厅是一处避风港。它象征着隐秘而不为人知的存在，短暂的逃离带给我们加倍的快感。

可被学校和老师控制的光阴终究会过去，我们逐渐学习着掌握自己的生活。自此看球回归看球本身，我光明正大地将耳机戴在头上，或坐在电视机前，再也不需要掩藏。

只是仍然会怀念那段日子，一颗颗单纯而炙热的心灵在狭小的空间碰撞出炫目的火花。只是会怀念我的朋友李镜，之后再难和新结识的人敞开心扉，说那么多将自己剖开来的话了。

今年冬天，我回到北城，与李镜约饭。我们见面的频率削减到一年一次，都是在年关附近。我提议再去地下餐厅看看。外面的世界纷繁变幻，一中对面的店铺却仍是那几家，据说附近的脏摊子也变化不大。只是，墙上的海报多了新鲜的脸孔，前年的状元秀锡安、身体天赋爆棚的莫兰特、超高人气的威金斯。奶茶的种类更多也更精致，布丁、珍珠、芦荟等小料一应俱全，取名也变成"芝芝莓莓"一类，顺应着时代的潮流。

我们又很有仪式感地点了两份最经典的意大利肉酱面，却都不觉得好吃，抱着不浪费的心理努力吞咽，最后还是剩了小半放在一旁。

也难怪啊，詹姆斯已经去了湖人队，杜兰特跟腱断裂后在篮网队复出，我们的主队也随之更替，这些年发生了太多太多的事，又有什么是一成不变的呢？

下午五点半，一群穿着一中校服的孩子叽叽喳喳地来了。听他们激烈地争论，是为某道远超出高考考纲的数论题。我和李镜讶异地对视，然后会心一笑——他们也是奥数生。

在北京念书时，朋友带我去二中对面的日料店吃饭，讲起她对这家店的情结，相似的片段令我恍惚，觉得每个人的青春似乎都没什么不一样。刚刚吃的意面味同嚼蜡，我忍不住怀疑自己，是不是给过去太多稀松平常的画面加了滤镜，其实一切远没有那么美好。

可看着邻桌吃得很香的师弟师妹，突然就明白了变幻中的永恒是什么——没有人永远年轻，但永远有人年轻着。那些偏爱和情愫从未消失，只是在我们身上渐渐淡化，并向着下一代传递下去。

吃过更多的饭菜，便不觉得这些普通的吃食美味；有了更充实的生活，篮球不再是那个最重要的部分；历经更多现实，便不会认定自己能成为同样耀眼的人。

但念及往事仍会心怀温暖，想起偶像还会备受鼓舞。在此间度过的时光，会以不同的方式给予我们慰藉和力量。依然会在困顿的时候想起两度大伤的杜兰特，他的辉煌、黯淡与重新崛起，对他总是很吝啬的好运气，于是觉得自己正遭受的痛苦都算不了什么，于是咬着牙继续向前。那晚总决赛的画面，常常在眼前反复闪回。

地下餐厅见证的，是属于每个人的独家记忆。

乐 园

✱ 血血理

我们经历了共同的悲伤,共同的快乐,共同的不舍,共同的失去。还有混沌青春里漫长的叹息与别离。

摄影师：骨LULU

我们可以走到哪里,海的那边还是天空尽头?

我叫盛雪,是个小说家。

我的隔壁住着顾明霄,他是个漫画家。

我们的楼上住着许贺,是个新晋诗人。

许贺的隔壁住着林子夏,她什么也不会,只知道哭,但她是我们的创作原型,我们都爱她。

~ 1 ~

起初是林子夏提出来的。她说："我们一块儿做一件了不起的事吧。"

那年她十岁,我十一岁,顾明霄十三岁,许贺年纪最大,十三岁半。他把我们当小屁孩,看也不看我们,他有一排诗集,封面破破烂烂,是些比我们年纪还大的古董。他很宝贝,不许我们碰,就连他最好的兄弟顾明霄,也只能借一个晚上。

每到这个时候我就会编一个故事讲给林子夏听,关于许贺那些诗集其实不是诗集,每本里面都藏着一份地图,所有的地图拼起来是一张巨大的藏宝图。

林子夏眨巴眨巴眼睛，非常小声地问我："雪姐，那些宝藏可以买下一艘船吗？"

我觉得她年纪小，眼界窄得可怕，摆摆手说："十艘。"

结果那天晚上许贺失窃了，丢的正是那些诗集。许贺撕心裂肺的哭声整座大楼都听得清清楚楚，算是丢人丢到家了。等我反应过来是谁干的，林子夏已经光着脚跑来找我，慌张地问怎么办，她在诗集里没有找到藏宝图。

我不知道这样一来，真凶到底该算到谁头上，但是由此可见，林子夏从那时起就非常单纯。

后来我抱着诗集敲响了许贺的门，做好了被他臭骂一顿的心理准备，开门的是顾明霄，他看了一眼我手上的东西，立刻就明白过来发生了什么事。他看我垂头丧气，眼睛骨碌碌转了一圈，说："我听说你会写故事。"

我虽对许贺心怀歉疚，却不欠他顾明霄什么。我梗着脖子瞪他，他见我不搭话，悻悻地提议："你给我写个故事，我帮你还书。"

我对顾明霄态度不佳，其实事出有因。早先我见他在楼下草坪上画画，在旁边偷瞄了几回，发现他实乃"神笔马良"，心里动了念头，跑过去问他："你可不可以照着我画一张？"

他说："我、我画不好。"

我拍了拍他的肩膀："我相信你。"

我以为他是谦虚，没想到竟然是真的。

他什么都能画好，唯独一样，他把我画得像是母夜叉。

等到后来我发现他把林子夏画得像个小仙女，我就更加怒不可遏，跑去质问他："你有没有良心？"

他面对我的指责手足无措，最后他一咬牙："看着你我紧张！"

我也放声大喊："你紧张什么啊！"

他看着我，抓起画板往后退几步，然后扭头狂奔，在我看来那算得上是"落荒而逃"了。我怀恨于心，早在心里和顾明霄划清界限一百次。

可是在许贺"谁来了"的声音在顾明霄背后响起的瞬间，我立刻把书塞进顾明霄手里，然后恶狠狠地说："好！"

他笑起来，然后将门带上，我便被他关在了外面，我听见他对许贺说："我在门口发现了这个。"

后来我们再在走廊上迎面遇见，我便假装压根不记得有这回事，顾明霄大约没想到我还有翻脸不认账这一招，很长一段时间他都没露面。我当他是知难而退，结果他再出现的时候是和林子夏一起。林子夏抱住我的胳膊说："雪姐，我们一块儿画一个故事吧。"

"'我们'是谁？"我冷眼看着一边的"教唆犯"顾明霄，这段时间多半是去给林子夏洗脑了，我甚至可以想象那个画面，他刚一提议，傻瓜林子夏就连呼三声："好好好！"

她掰着手指开始数："你，我，还有明霄哥哥，人不够的话——"她看了一眼站得离我们远远的许贺，敷衍地竖起第四根手指，"再加一个许贺哥哥吧。"

我说过，我、顾明霄、许贺还有林子夏，

我们都住在这个地方。

这里的一切都是白色的，天花板、墙壁、地面还有床铺，空气里永远有一股消毒药水的味道。

医生说，我们都活不过二十岁。

2

我们的主治医生姓谢，是个三十多岁的男人，戴副眼镜，手指细长，说话很轻，像是随时在征询我们的意见。"这样好不好？"这是他最常说的一句话。这让我们觉得自己被尊重，可以和他平起平坐，甚至聊聊心里话。当然这是林子夏才会干的事。

林子夏很喜欢他。她虽然讨厌打针吃药，但只要谢医生出马，她就立刻乖乖听话。谢医生告诉她，她其实是个小机器人，需要不断充电，才能精神百倍。结果她很长一段时间都在找自己的电线在哪儿。我一边像模像样地在她背上帮她找那条根本不存在的电线，一边羡慕她能被所有人骗得团团转。

有一天她打完吊瓶，跑来小花园找我，愁容满面的。

"雪姐，你说，我们将来可以像别人那样恋爱、结婚吗？"

"可以的。"我说。

她听到这句话长吁了一口气，像是放下心来。

很快她又皱起眉头："还是不要了，我怕小宝宝也像我一样。"她大概是想起了刚刚扎的那几针，害怕得缩了缩脖子，轻轻嘶了一声："太疼了。"

我握住她的手，其实我是真的不知道，我们的人生早就定好了终点，可我在她面前习惯了撒谎，就好像我自己已经不相信生活，却还在期盼着身边某个人一直相信一样。

我说那话的时候，顾明霄坐在栏杆扶手上不动声色地看着我，等我陪林子夏进病房，她睡着后我再出来，顾明霄还在那儿。没等我说话，他就从栏杆上跳了下来："走吧。"

很久以后，我还能清晰地记得那时他背后的阳光，在他跳下来的时候轰地倒塌，像是推倒了一堵墙。

"去哪儿？"我鬼使神差地跟在了他后面。

他没理我。

他带着我穿过小巷，拐了几个弯，再推一扇木门，我便闻到了浓郁的香味。

等两碗牛肉面上来，他推了一碗到我面前，清亮的汤头上面撒着一把鲜翠欲滴的葱花。我吃惯了医院的粗茶淡饭，也不同他废话，埋头就大快朵颐起来。

等我喝完最后一口汤，"老板，还有小菜吗？"我抬起头来招呼老板。

顾明霄立马阻止我，扭头对老板扯出一个笑脸："结账。"

我白他一眼："你怎么这么小气？"

"……"顾明霄不好意思地从口袋里掏出所有的零钱，"我只有两碗牛肉面的钱。"

他拍拍胸脯："下次，下次再带你来，我保证让你随便点！"

我忽然就笑了起来，我看着他说："顾明霄，做吧。我来写故事，你画画。"

后来顾明霄提起这段，都说我是被一碗三块五的牛肉面骗上了和他一合作就是近十年的贼船。

我没说，或许是因为那碗牛肉面，或许是因为当时的我也想要做一些什么，在这漫长的日子里，我需要有什么东西来提醒自己还活着，不光只是在这世上受罪而已。

"许贺的话，可以写写诗，至于林子夏……"

顾明霄笑起来："就当好一个吉祥物吧。"

林子夏知道这个消息后很高兴，立马召开紧急会议，说我们需要一个故事的名字。

"宝藏怎么样？"林子夏兴奋地提议道。

"我们还是解散吧。"我说。林子夏立马乖乖闭上了嘴。那一刻我居然感到很愉快，这样和朋友在一起，为了同一件事发生争执，也开怀大笑。

最后我们定下名字叫"乐园"，乘船出海，冒险的尽头一定是一个最美的乐园。

等我们齐齐看向许贺，他憋了半天，干巴巴地念出来三行——

入园须知：

不买票

就微笑

他紧张地问我们："怎么样？"

顾明霄想了想说："我觉得挺好的。"

林子夏大力鼓掌，夸赞说："许贺哥哥你真是太厉害了！"我其实可以理解，她年纪小，没读过什么书，文化水平低，看什么都觉得好。但我看见许贺耳后清晰地爬上一抹可疑的红，这一刻，他大概觉得自己是文坛泰斗吧……

最后就由我把那首诗抄在了我们第一期的封面上。

林子夏像模像样地搞了个启动仪式，她慌慌张张地在衣服底下藏了几瓶冰可乐，进来的时候冻得脸都发白了，许贺拿起小毯子将她严严实实地裹成了一个雪娃娃。我们扭开瓶盖，听见四声响，那个夏天就"咕噜噜"地开始了。

~ 3 ~

我第一次见到顾明霄他们，是我的病检查出来没多久，爸妈被医生叫进去谈话，我被留在走廊的长凳上，消毒水的味道非常刺鼻，我皱起眉头。我不知道那种味道后来会成为伴我入睡的安神剂。

虽然我当时小，心里却有一个地方是雪亮的，我大约知道这是个坏消息，因为我隔着玻璃看到了妈妈忽然捂住了脸。我知道那一定是因为我，我为此感到难受。这样想想，从那时起，我就很会察言观色。等他们出来，妈妈已经恢复了平时的样子，但她看起来还是不怎么高兴，她耐心地和我解释，我需要在这里住一段时间，晚上她会回家把我最喜欢的布娃娃带来陪我睡觉，而我现在需要跟着护士姐姐去把衣服换上。

我想了想说："不用了，我自己可以睡着的。"

我在那一刻迅速地变得懂事，我后来想过，是因为我居然开始害怕给父母添麻烦。我害怕他们因为觉得照顾我太辛苦而把我丢下，当然那只是我一个小孩子的臆想。

那天晚上我躺在病床上，眼前陌生的天花板、走廊上陌生的人声，这一切都让我感到不安。

然后我就看见病房的门被轻轻推开了，有什么东西在黑暗中闪闪发光，我想起了我的布娃娃，于是我悄悄滑下床，踩着我的鞋挪到门口，然后我就听到"布娃娃"说话了，她说："嘿，你是今天搬进来的吗？我叫林子夏，你呢？"

然后我就看见黑暗中林子夏的脸慢慢变得清晰起来，她的鼻子有个小巧可爱的弧度。我将门打开一些，就看见了站在她身后的顾明霄和许贺，他们三个都穿着和我一样的病服。然后"布娃娃"又说话了："我们现在要逃跑，你要来吗？"

一路上，顾明霄都在碎碎念，他那时候还没长开，像是故事里爱唠叨的木头人。他说："我们为什么非得把她也带上？"然后他转向我："我们现在可是要从这里逃出去，你明白吗？害怕的话就赶紧回去吧。"结果我点点头："我明白，走吧。"

顾明霄讶异地看了我一眼，没再说什么。当时我表现出来的那种事不关己和做这件事的热情，很久以后被顾明霄称为"艺术品"。他说："我从没看过谁像你一样把矛盾融合得不着痕迹。"当然那一刻我们谁都没想这么多，我们偷偷下楼，绕过护士的巡查，从花园一侧悄悄逼近大门，当然，在我们四个以各种狰狞的姿态挂在围墙上时，一只手电筒准确无误地照在了我们脸上。

抓住我们的正是谢医生，他把我们领回值班室，然后坐在我们面前慢慢地喝完了一杯茶。这让我想起了我之前的那个班主任，她和谢医生不一样，她总是气急败坏的。这让我对谢医生产生了那么一点敬佩。

我们四个乖乖坐成一排，最后谢医生终于开口了："你们三个，怎么就不死心呢？"然后他意外地看了看我，接着转向顾明霄："你这样不对，怎么又想从我这拐走一个小姑娘？"

至此，我才知道他们三人是医院的逃跑惯犯。

谢医生一个个教育完之后，到了我面前，他只说："回去睡觉吧。"

出来后顾明霄问我："你是新来的吧？"

我点点头。后来我才知道，谢医生对新来的病人总是会宽容一些。

"那么就晚安了！"林子夏看上去兴高采烈，这个晚上她好像过得比我们要精彩得多。

"晚安。"两个男孩各自道了一句。

然后林子夏很期待地看向我。

顾明霄好像很头疼，他说："你赶紧说，不然她不会让我们去睡觉的。"

"晚安。"林子夏执拗地重复了一遍，然后定定地等待着我的回答。

我无奈地学着其他两人说："晚安。"然后我和顾明霄朝走廊右手走，许贺和林子夏上楼，这成了那些年我们之间一个固定的分别场景。

4

谢临羽出现的那天,我们正在为新一期的内容争得不可开交。那时已经是我认识他们的第七个年头了。

那几年我们碰头的时间不算多,谢医生也说:"我可不想在医院同时见到你们四个小魔头。"大多时间我们都回家待着,可是总有一两个挂单,为了讨论,我们还得在医院碰头。

到头来,这个地方倒成了我们的根据地。

在林子夏的监督下,我们居然也真的画了第一期、第二期,甚至第二十期。主人公从平凡无奇的小镇出发,她有了第一个伙伴,后来是第二个,等到四人就位,他们就开始朝目的地前行。那些年,在我们的故事里,"离开"似乎是永远的主题,我们兴奋地讨论要怎么掩人耳目,避开各路人马的追击。好像我们这样安排了故事,命运就会照着我们希望的方向前进。

那天我和顾明霄对一个情节走向产生了巨大分歧,其实不是什么了不起的大事,但那天我们不知怎么就和对方较上了劲,非要吵个头破血流不可。

子夏和许贺压根插不上嘴,他们坐在一旁看我们两个剑拔弩张,紧张地眨眼睛。顾明霄声音已经有些高:"盛雪你怎么就这么拧呢!"然后我的眼泪唰地流下来了,许贺和子夏立马走过来站在我们中间,将我们隔开。我发誓,那一刻我是没想哭的,眼泪莫名其妙成了让顾明霄认输的武器,这让我觉得挺没面子。

许贺干巴巴地打圆场:"你们两个,怎么还动了真格呢?"

顾明霄把头扭向了一边。

就是那时候,谢医生发现了我们,他说:"小朋友们又吵架斗嘴了吗?"反正在他眼里,我们都是长不大的小娃娃。他的身后站了一个人。

然后我看见林子夏,这小妮子,眼睛里忽然亮起了一种她自己没有觉察到的光芒。

那个人,就是谢临羽。

我后来认真想过,在我们的故事里,谢临羽到底该算是个什么角色,从天而降的英雄还是到达乐园前的最后一个大魔王。但他无疑是朝气蓬勃的那类人,和住在这里的我们格格不入。他身上有着浓浓的烟火味,是那种在生活里摸爬滚打后锻造出来的热闹。

有一个晚上,我看见子夏又站在了我的病房门口。她怯怯地往里面站了站,让我想起初见她时的场景,我对我的"布娃娃"说:"过来吧。"然后她就小心翼翼地钻进了我的被子里。

"雪姐,你说医院外面的大家,真的都过着无忧无虑的生活吗?他们比我们是不是要快乐很多?可是我现在也没有觉得不快乐呀,为什么谢临羽总是说要带我去外面看看呢?"

我揉揉她的小脑袋:"今天问题怎么这么多?"

"因为……"她好像有点内疚,"谢临羽说那话的时候,我居然感到很高兴。"

"那是因为你还是小孩子,有好奇心很正常。"我承认我有些拿腔捏调。

"我看到了。"结果子夏凑到我耳边轻声说,脸上挂着娇俏的笑容。

"什么?"我有点不敢看她的眼睛。

"你和顾明霄,在葡萄藤架底下。"

我倒吸一口凉气,一把捂住她的嘴巴。她咯咯地笑起来,她说:"我不会告诉别人的,我为你们高兴。真的。"她像是为了让自己的话听起来更有说服力,她把那句"真的"连着说了三遍。

我和顾明霄,把私底下的情绪借题发挥到明面上的小把戏,被她看得一清二楚。

这一刻,我发现林子夏是真的长大了。我以前总把她当作一个长不大的小家伙,但她比我想象的要成熟得多。或者说,在她面前,我倒成了那个遮遮掩掩的小姑娘。

她的身子有点凉,贴着我,像是一条滑溜溜的鱼。她说:"我听见了,雪姐。我听见爸爸妈妈说,打算再要一个孩子。"

我什么也没说,我知道这对我们意味着什么,意味着被放弃了,在父母做决定的那一刻,我们就已经被判了死刑。我不知道怎样去安慰她,我一时编不出一个合适的谎。像我爸妈,经常扮演悲情人物的角色,而子夏的爸妈已经很少露面,至于顾明霄,他那有钱的父母恨不得把全世界最好的医生给他请来,他们甚至会站在谢医生面前质问:"你到底能不能治?"

所以在这一点上,我的一切解释都会显得很苍白。

但林子夏很快就开始说谢临羽,说起他是怎样和她说起外面的那些女孩子,说起她们明晃晃的笑容,热度可以融化寒冬的冰雪,也说起她们的自由,意气风发地主宰生活。

我皱了皱眉头,我扳过子夏的肩膀,认真地告诉她:"子夏,你要知道,你也是很好的。"

我不知道怎么用我的人生经历去告诉她,喜欢一个人就会喜欢她的一切,而不是用外面的世界来引诱她。

黑暗中她的声音里有一座温暖的活火山,她的热情就要从小小的身体里迸发出来。

"雪姐,我喜欢他。"她开心地叹气,"不,我爱他。"

我识相地闭了嘴,我知道我说什么她都听不进去,就像顾明霄站在我面前时,我所有的愤怒都会融化在他的拥抱里。那种温度是一种魔法,会让人感到眩晕,所以在葡萄藤架下头,我向那种魔法投降了,我不想去拆穿它。

就让我们被欺骗,一直被欺骗下去,这样也很好。

～ 5 ～

几周后,谢临羽还没有离开,我看见子夏的次数也越来越少,每一次见面我觉得她又变得不一样了些,准确来说,她眉宇间多了努力掩饰的忧愁,这让她这个人看起来更立体,不再是以前那个呆呆的布娃娃。

我十八岁生日的那天,我们的故事已经到了最后一话,我到医院与他们会合,打算商量最后一个情节里,乐园究竟有没有出现。结果我在老地方没看见他们,我站起来的时候,听到了子夏的声音。

"盛雪!"她大喊,"我们爱你!"然后那盆雪就倒了下来,我看见半空中扬起了白色,在七月的酷暑里,起了凉风。那是一个类似于奇迹的时刻,我被深深迷惑住了。

我的子夏,走上来给了我一个结结实实的拥抱,她凑在我耳边说:"生日快乐。"

最后,这件事以我们捡了差不多一整个下午的碎纸片告终,但我发誓,那是我最好的一个生日了。

那天晚上,我们都有点忘形,我应该料想到,一个幸福的顶点后面接踵而来的就是下坡。半夜我心血来潮,想去找子夏聊天,被许贺拦住,说她太累,已经睡着了。

第二天,林子夏不见了,最后看见她的人,说她凌晨的时候上了一辆车,车的主人,毫无疑问是谢临羽。她义无反顾地奔向了她的爱情,丢下了我们,去往另外一个新人生。

我想起前一天夜里的情形,毫无疑问,许贺做了她的帮凶。

"你这个胆小鬼!"我用力推了他一把,"你怎么不拦着她!"

他红着眼睛,一言不发。"你就让她和谢临羽走了?"我又推了他一下,许贺往后趔趄了一步。我就是那一刻感到委屈,我替许贺感到不值,我明明知道,他爱了林子夏这么久,却帮着她用力奔向别人。

顾明霄走过来拉我:"盛雪。"

"这不公平。"我说。

顾明霄沉默了一会儿,然后他说:"这世界从来就不公平,你今天才知道吗?"

我承认,生命是这样,爱也是。

但我说:"滚开。"我那样静静地看着他。顾明霄,你虽然什么都没做,但这不代表你没有错,你明白吗?因为就在几天前,你的爸妈也是这样自以为正确地站在我面前,他们骄傲地丢给我一个白眼:"我们明霄不会留在这个地方的,他会有更好的前程。"我当然要感谢他们没有说难听的话,他们是有着好教养的上等人,但这就是你、你们这一类人,轻而易举地用你们认为的正确的话否定我们平凡人做出的一切努力。

我站在他们面前,努力让自己看起来没有他们以为的那么低贱,我微微一笑:"至少他现在和我一样,没资格谈什么幸福的明天。"

然后我看见顾明霄的母亲惊愕地瞪大了眼睛,她从嗓子里发出一声低吼,她往前走了一步,我清楚她是想上来扼住我的喉咙,扼住我脱口而出的对她的宝贝的诅咒。

顾明霄你看,这就是矛盾的我。我爱你,但我也会为了保护自己伤害你。

～ 6 ～

之后很长一段时间,我们三个都没有碰面。

我清楚,我只是借着子夏的名义在赌气。

《乐园》停滞不前,没人提最后一话要怎么画,因为我们发现林子夏带走了一部分手稿。我不知道她为什么要这么做,但我们默不作声地松了一口气,或许我们对此已经感到有些倦怠，只是没有人把这件事提出来，如此一来，我们都得到了解放。我们陷入了一种谁也无法打破的僵局，而唯一能结束这个状况的人，已经逃走了。

直到十月的一天，我收到顾明霄的消息，内容很简短："来医院。"

我们已经三个月没说话，我承认那一刻我的内心有些喜悦。

于是我又看到了顾明霄，我的爱人，他看起来落拓了些，胡子大约是没刮，冒出了青色的胡茬。

他说，但不是对我："许贺，子夏回来了。"

许贺的眼睛里闪过一丝喜悦，然后他站起来朝门口跑去，跑到门口的时候他转过头来，不好意思地问顾明霄："她在哪儿？"然后他就看见了顾明霄的眼神冷得像冰。

顾明霄朝他走过去，试图用手去扶他的肩膀："许贺。"

许贺忽然就笑了，他一把拍掉顾明霄的手："你在开玩笑，她没回来。"

"许贺。"顾明霄说，"是谢临羽把她送回来的，我看到了。"

那一瞬间世界变成了无声的，许贺跪倒下去时我却听见了，那阵很多年没有起的风又刮了起来，还有来自他胸腔巨大的悲鸣。

我看到了子夏，她就静静地躺在那里，苍白的小脸上还挂着微笑。

我趁人不注意的时候碰了碰她的手，我亲爱的子夏，请你给我一点暗示。我当时这样想着，神经紧绷地看着她，觉得她一会儿就会跳起来叫我"雪姐"，或者逼

我说"晚安"，直到顾明霄将我带出去，子夏依然一动也没动。

其实我们四个里，子夏一直是最勇敢的那个。她活着的时候，热烈，无所保留，就像是一颗有力的子弹，穿透眼前这生活。虽然我们写故事写诗还画画，但林子夏是我们的船长。

可即使是这样，她死去的时候，依然和别人没什么两样，无声无息，这是让我感到最恐惧的事。我以为上天会赐给林子夏奇迹，但是上天从来不在那儿。我以为我们可以到达乐园，可是乐园不知在何处。

林子夏的葬礼上，许贺念了一首诗，是他自己写的。

你是温柔的叹息
停在风间的枝头
却在冬日不着痕迹地
销声于午后的雪地
我竟不曾见你是怎样坠落
如果可以，我是说如果我在的话
我会伸手去捧
让你摔进手心里
如果你觉得疼
那你就怪我好了
但你要记得轻轻叫一声
让我知道你在那儿

他读到最后一句的时候，我听见了一声响亮的哽咽，我们都知道，林子夏，再也不会喊疼了。许贺再也不需要在口袋里准备糖果，作为给他的小姑娘每次"充电"后的奖赏。

我们这年都过了十八岁，唯独子夏，被隔在了十八岁的门口。如果她知道，

她一定会喊着不公平，没能和我们站在同一边。

"这样也好。"后来许贺说，"她永远都是孩子，永远不会长大。"

那天回家后，妈妈已经准备好了晚饭，我坐下来，拿起筷子，忽然开口："妈，现在两孩政策也放开了，你和我爸是不是可以再生一个？响应一下国家的号召。"

"吃饭。"她头也不抬。

我嬉皮笑脸地说："你看啊，我整天在家被你们欺负，你们就当行行好，生个小家伙给我解解闷。"

然后我就看见，妈妈的饭碗里砸进一颗很大的眼泪。

于是我就埋头吃饭。

我挺害怕别人掉眼泪，害怕明明我还坐在这儿，谁就已经开始为我感到悲伤。

差不多两个月后我接到了一个电话。那边是一个陌生的男声。

他第一句话是："请问是四人勇士吗？"

我愣了一秒："谁？"

他好像也愣住了，然后他笑了："我没想到四人勇士是位小姐。"

我还是没有明白，我说："不好意思，我觉得你找错人了。"

就在我要挂上电话的那一瞬间，那边的人非常快地说了一个名字："林子夏。"

我听见自己的心裂了一条缝，我小心地问："请问您是？"

然后那个男人就开始说起子夏，那个已经离开我们但在他口中还鲜活的我最亲爱的朋友，她是怎样坐到了这个男人的面前，他的身份是一个漫画杂志的编辑，她给他介绍我们的时候拍着胸脯说："我的朋友都很有才华。"

"我觉得我们可以一起做个连载，你看呢？"最后那个男人说。

我不知道子夏带走那部分原稿是为了今天。我甚至开始相信冥冥中的安排，如果没有你，子夏，如果没有这一通电话，我或许就快要忘记我们还有过一个建造乐园的梦。

四人勇士，那的确是林子夏会取出来的名字。

"她……"我深吸一口气，"我是说子夏，她去的时候，有人陪着她吗？"

那天下午我光脚踩在地板上，如果有人在那儿，比如我的布娃娃，它一定能看见我的眼泪沿着脸颊滑下来，因为那个人说："没有，只有她一个人。她走的时候我问过她要去哪儿，她说，她要回去找她的朋友们。"最后他问："怎么，你们没见到她吗？"

谢临羽那个坏蛋。我用力咬着牙，鼻子又酸起来。那个晚上，子夏在黑夜中看着我，瞳仁就像是两颗晶莹的琥珀，她说："谢临羽不会丢下我不管的，我相信。"

他食言了。子夏，你知道吗？你拼命去喜欢的那个男人，还是让你伤心了，让你想要回到我们这里来，可我们甚至还没来得及欢迎你回家。

傍晚顾明霄打开门的时候，看见了坐在他家门口台阶上的我。

"顾明霄，我很想你。"我怯怯地抬头看着他，他一定觉得我喜怒无常，像个疯子，不过这些都无所谓了。亲爱的子夏，你一定会保佑我。

然后顾明霄往前跨了一步蹲下身来将我整个揉进他的怀里："我也是。"

子夏，你一定偷偷地笑出声来了吧，就像当时看见葡萄藤架下的我们一样。一切如你所愿，我会让一切如你所愿。

7

《乐园》开始连载前，我们把所有的初稿找了出来，从第一份到最后一份，铺满了一整张桌子。顾明霄把自己关在房间里一整夜，将那些故事从头到尾翻了一遍。第二天早上他只给我发了一句话："太傻了。"

对啊，我们四个人那几年，就用来做这一件事了。真是太傻了。

而我和顾明霄，要将这件傻事做下去。

我是那一刻，隐约感受到了"使命感"这三个字的重量。或者说，做完这件事，我就可以坦然地面对子夏了。对不起，亲爱的子夏，我甚至想过放弃，我为这个念头向你道歉。

画第一回时，许贺动了一次大手术，我们去看他，他躺在病床上。我们似乎看到了自己，这些年也是这样，像是一个被缝缝补补的破布娃娃，有哪一天或许就再也修不好了。但躺在那张冷冰冰的手术台上，是我们最靠近死也最靠近生的时候。

我不知道我这样说你们能不能明白，尽管我们有过叛逆期，痛到极处时会对父母大吼"我不想再这样活着了"，但是在那里，当谢医生又或是别人拿起他们的手术刀，那些冷冰冰的机械声会提醒我们，我们没有自己想象中那么洒脱，这是很让人脸红的一件事。

然后我听见许贺微弱的声音，近似呢喃。他说："子夏。"

他一直怀念她。

从病房出来，顾明霄牵了我的手，接着变为十指紧扣。他很用力，他大概不知道自己的力气有那么大以至于让我感到疼痛，但我知道，他害怕了。

我们绝口不提爱情，顾明霄会在医院的葡萄藤架下亲吻我，他的拥抱带着薄荷的气息，但他不说"我爱你"。渐渐也有读者来信，他们问"脚本和漫画作者配合得这么好，两人感情一定也很好吧"，实际上收到信的那天早上，我刚在顾明霄面前大发脾气，将他关在门外，可是过了十分钟，我就跳起来去开门，他也还在那等我。我用力抱着他，没有人说"对不起"。

我们之间，并非爱与不爱那么简单。非要形容的话，我们从彼此身上汲取生的力量，藤缠树树缠藤，就是这样。

《乐园》连载了二十四期，整整两年，没有间断。其间最糟糕的时候，是我休克被送进急救室。我睁开眼睛看到的第一个人是顾明霄，他很犯愁的样子。我问他："怎么了？被我吓到了？"他摇摇头，看着自己的手："我刚刚在想，我大概永远也不能画画了。"

顾明霄画完最后一话，是那一年的除夕前夜。他拨通了我的电话，我没有睡，心有灵犀地在等他打这个电话来。他说："出来，带你去吃牛肉面。"想了想他又补充了一句："加件衣服，外面冷。"

我披上大衣轻手轻脚地下楼,就看见顾明霄站在那里。我快跑几步,一头栽进他的怀抱里,他把围巾解了一半,绕在我的脖子上,给我拉了拉大衣的衣领。我们就深一脚浅一脚地走去吃牛肉面。路上我看见我们的影子投在地上,顾明霄的顾长挺拔,那一瞬间我转过脸去看他,便看见了英俊的少年侧脸。

"看我干什么?"他面无表情,"看路。"

我叹口气:"真可惜,要是你认识更多的人,一定能找到比我好看很多的女孩子。"

我那一刻是真的这么想,我觉得老天爷真是太不公平了,顾明霄从来没有正常上过学,白瞎了一张可以轰动全校的脸。

他一扯围巾,我被带着朝他的方向踉跄几步,他伸手一把揽住我:"谁能比这个好看?"

我们点了两碗面,老板端上牛肉面的时候,好奇地打量我,说:"年轻就是好,天儿这么冷,脸色还这么红通通的。"顾明霄好笑地看着我,我低下头去,掰开筷子,吸了一口面,等胃里暖和起来,我从顾明霄碗里又捞出两块肉塞进嘴里。

"这么贪心。"他说。

"对啊。"我一口承认。我其实想说,我还想更贪心一点,一辈子从你那里抢肉吃。可是一辈子对于我们来说有多长呢?或许是一两年,又或许就是明天。

吃完我们走出面馆,我呵出一口白色的雾气,然后伸手握住,放进顾明霄的手心里。"生日礼物!"我说。

那几秒他的表情很精彩,最后化为一句:"宝贝儿,你可真大方。"

《乐园》对于我们意义重大,却也在今天画上了句号。顾明霄曾经和我说:"我害怕它太快结束,也害怕它没法结束。"我们终于一同走到了这里。

那天我们沿着河岸走了很久,路上没有人,大家都回去过年了。远处有人在放着烟花。走到河岸尽头,我从堤坝上跳下来,将手放进顾明霄的口袋里。

"我和你,我们做了一件了不起的事。"我踮起脚尖,凑到他耳边,轻轻地说,"当然,还有子夏和许贺。"

他目不转睛地看着我,他说:"盛雪,你是我活着最大的幸运。"

然后他吻了下来,他的唇齿间夹杂着我明白的挣扎、绝望、不甘以及超越这一切的爱意。

我们都哭了。

我想起那年,我们坐在顾明霄的床上,挤作一团看《海贼王》,林子夏用力握着拳,信誓旦旦地许愿:"将来我会买下一艘船,让它载着我们一块儿离开这里。"她似乎看见了那个地方,那里阳光透亮,有着永远也用不完的夏天。男孩子骑着单车从窄窄的街道穿梭而过,经过一个下坡,"哟呼"一声往下俯冲。女孩子站在街边,用手挡住太阳,吃一支甜甜的冰激凌。这样的日子像是永远不会完结,而我们四个一直在一起。

~ 8 ~

二十四岁生日那天,我去医院做检查。那天天气很好,我出来的时候碰巧见到了谢医生。他的头顶已经有了星点的白头发，我说："医院某著名少妇杀手年华老去，这个标题怎么样？"

他不生气："你乖乖做检查，将来还会看到我变成惹人嫌的老头子。那时候你一定更开心了。"

他没有说"你们"。

顾明霄在两年前的一个午后离开了我。

一切都结束得很平静。

应该说，我对这一天的来临早就做了无数次准备。我甚至松了一口气，庆幸最糟糕的部分是由我来承担的。顾明霄，你活着的时候虽然被我剥削，但死后我所有的眼泪你都看不见了。

这样挺好。

我们不需要告别，因为我们已经告别过千千万万次。

"你要见见许贺吗？"谢医生忽然问我，"他现在在这里做义工。"

我点点头，忽然就想起子夏来，我甚至想开口问一问谢医生他弟弟的近况。我知道自己还在为子夏感到不公平，但我要说什么呢？你弟弟过得好吗？我不希望他过得好。死亡对被留下来的人来说，是一个无法破解的咒语。

我没法要求谁永远记得子夏，他们没有义务，这让我感到难过甚至生气。

隔着病房的玻璃，我看见许贺坐在一群孩子中间，给他们读诗，他的那沓破诗集坚贞不移地跟了他许多年。那些孩子一个个脸上露出不耐烦的样子，有两个甚至已经昏昏欲睡，嘴角耷拉着。我看着笑起来。

他没变，还是那个清瘦固执的少年，那个说"浪漫要从娃娃抓起"的诗人许贺。

我敲门进去，他看到我很高兴，终于放过那些孩子，说："你们去玩吧。"

孩子们求之不得，一哄而散。他无奈地站起来："走吧，我送你到门口。"

我们谁都没有再说什么，只是默默地走了一段路，像是以前他陪着我们玩，也永远一言不发一样。最后我说："那我走了。"

"盛雪！"他喊我。我回过头去，他朝我挥了挥手："好好活着。"

我点点头："你也是。"

因为我们见过死，才知道要怎样更好地活。

然后我们朝着不同的方向走去，没有说再见。

那天我在楼下的便利店门口呆呆地站了很久。贩售书架最醒目的位置上还放着《乐园》的单行本，一套四册，每一个封面都是一张笑脸。顾明霄把我们画得很好看，我再不会因为自己在他笔下像个"母夜叉"而生气。我们的宣言是"不买票，就微笑"，我们曾经在一个深夜一同逃跑，也在炎热的夏天造过一场盛大的雪，我是小说家，顾明霄是漫画家，许贺是个诗人，而林子夏，她是我们的小姑娘。

那已经是很多很多年以前的事了。

之后，我们经历了共同的悲伤，共同的快乐，共同的不舍，共同的失去。

还有混沌青春里漫长的叹息与别离。

故事的最后，大家都起身离开乐园。

一次也没有回头。

夏天与尘埃

＊午歌

有很长一段时间,我每晚都重复着同一个梦境,瓦蓝色的天空,罩住瓦蓝色的海水,时空凝结成一块硕大无朋的硫酸铜晶体,把我和一叶小渔船衔在中间。忽然间,海天摇晃起来,晶体开裂了,我从小舢板上跌了下来,跌出梦境,跌入一片蓝色的深渊。

1

我的家乡在宁波的石浦港。那年我19岁,高考发挥很差,家里没钱供养我继续复读。阿问是我的同学,那年高考,他虽然发挥正常,可依然连个专科也读不了,阿问的姑丈在石浦世家的饭店里收银,便介绍他到饭店做收酒瓶子的小工,阿问觉得这活儿无聊又辛苦,便推荐了我去,自己到码头上找了一份捕鱼水手的工作。

江南的夏天,夹在梅季没完没了的雨水里,起初气温涨涨停停,忽然有一天雨雾云开,夏天就像浇上浓汤的照烧牛排一样,冒着"嗞嗞"的热气被端上桌来。

只有夏夜才是美丽的,我有时会跑去海边找阿问。我们并排躺在一叶小舢板里,浮在海面上,海风轻悠,吹在身上,像面人师傅灵巧的手,一遍遍捏揉着人身上的痒痒肉。

我起身坐在船板上,远处村落的灯光,海面上星星点点的渔火,浮动在漫无边际的夜色里,尘埃一般。

2

石浦世家饭店的老板姓谭,人称谭一刀,是甬帮菜谭家名厨第三代传人,那时候石浦世家的生意并不太好,谭一刀时常亲自下厨,也带徒授课。

摄影师:胥LULU

那时感觉夏天很长,青春很长,仿佛永远不会老去,而现在,那些悠长之夏,只仿佛记忆里闪着星光而浮游的尘埃。

这份工作我做得很上心。每晚十一点半，饭店打烊，便是我最忙碌的时刻。我会把所有的易拉罐、饮料瓶、啤酒瓶打包垛在三轮车的车斗里。

我每晚一点钟左右睡下，第二天五点趁着大太阳还没蹿上天，骑两个半小时的三轮车把这些瓶子拉到回收站卖掉。

日子起初并不顺利，我不太爱讲话，又刚刚走出学校，皮肤不像其他的破烂仔一样黝黑发亮。收酒瓶老板看我少不更事，于是便对我压低价钱收货。比如啤酒瓶，收别人1毛5一个，收我就要1毛3一个。

我却从未和老板争执过价钱。啤酒瓶在地上码好后，请老板过来数，他看我码得齐整，象征性地点下排数，就结账算钱。

有很长一段时间，我只在第一排和最后一排里放10个，中间排只放9个，因此虽然被压价，我却总能多卖出十几块钱来。

有一次赚得多了点，我甚至买了一个西瓜送给老板。那天，他忽然良心发现，居然开始1毛5一个收我的啤酒瓶。

我也原谅了他，从那天开始，此后每次少摆酒瓶子，我都会真心忏悔一番。

3

我的命运在几个月后发生了转机，那时已经夏末，气温开始回落，饭店打烊也早。有天我在后院点瓶子的时候，遇到了经常给饭店送菜的眼镜阿武。

眼镜阿武高度近视，眼镜片有啤酒瓶底子那么厚。那天他杀气腾腾地冲进后厨，操了一把杀鸡刀，直奔谭一刀的办公小屋。我觉得事情不妙，便跟了进去。

眼镜阿武拿刀子威胁谭一刀把前几个季度欠的菜钱马上结清。

按说这不算什么过分的要求，可那段时间饭店生意不好，谭一刀也欠下不止一个供货商的货款。

那天谭一刀被逼躲在办公室的一角，眼镜阿武右手握着杀鸡刀在办公室里叫嚣："要不你还钱，要不你捅死我！"

谭一刀说："饭店有饭店的规矩，我不能因为你坏了规矩。"

眼镜阿武听得眼冒血丝，顿时就要杀过去。

我冲过去两手死命握住阿武的右手，阿武使劲挣脱了几下，脸上的眼镜不知怎么飞到了地上，杀鸡刀很快被我解了下来。

据说，那晚谭一刀还是把欠账还给了阿武，阿武拿到钱后，坐在地上大哭，说是这次欠了债，以后再不敢来闹事了。

第二天晚上，阿问的姑丈来找我说："今后不用收酒瓶了，谭老板让你到后厨去帮忙！"

4

到后厨帮忙后，我索性住在了饭店的仓库里，我改叫谭一刀师傅。

我来石浦世家第三年夏天的一天，师傅打烊之后来找我，他让我做一碗雪菜黄鱼面。

我以为他半夜要考我的厨艺，特意拿出自己深藏在冰柜里的一条野生黄鱼给烧了。

那鱼是阿问出海捕鱼时偶然抓到的，因为品质好，我就私藏下来，想着有一天师傅考我手艺时，一展身手。

黄鱼面烧好后，我端给师傅。师傅面带愠色地说："你把面拿到后院给谭婧吃去，她赌气饿了一天了，你替我多劝劝她。"

谭婧是师傅独女，从小被视为掌上明珠，师傅从小就万事宠着她，我很难想象师傅到底因为什么事情和谭婧赌气。

5

门没锁，我轻轻推开走进去。

"滚！"屋里飞来一只凉拖——说实话，要不是心疼我手里的野生黄鱼面，凭我敏捷的身手，一定可以轻易避开这等下作的暗器。

"啊哦！"那鞋子正中我的左侧面颊，在幽暗中发出"啪"的一声，仿佛有人为这一击即中的"十环"鼓掌喝彩。

"不好意思啊！"谭婧马上跑过来，关切地说，"我还以为是老谭！"

"老谭没有，老坛酸菜面倒有一碗！"我双手把面向上托举。

"是我爸让你烧的？我不饿，我不吃！"

"你试试看啊，跟师傅的手法很不一样的。"

"嗯，果然诶！老爸烧的火候太过，总是没把黄鱼肉细嫩的口感烧出来！"

"到底为啥跟师傅生这么大气啊？"

"要是再有个荷包蛋就好了！"

"后厨有，你等着——"

"别忘了，带点酱油啊。"

6

吃完面，谭婧提出要出去走走，我从后厨的冰柜里偷出一瓶干白葡萄酒，又跑去找阿问借了小舢板。子夜之后的海风，清凉得厉害，吹拂周身。

我和谭婧划着小舢板向海中央驶去。

谭婧悠悠地说："我今年高考考得特别烂，我爸说既然大学没考上，不如早点嫁人好啦！"

我问："你自己怎么想？"

谭婧说："嫁人也要嫁自己喜欢的，嫁走马塘那边的陈胖子，我才不愿意。"

我从前听人家讲过，走马塘那边的陈家，是指谭一刀的师兄陈亨云家，陈胖子自然是陈亨云的独子。据说甬帮菜第三代传人间曾经有过一场厨神大赛，谭一刀虽然是谭家嫡传，却输给自己的师兄陈亨云。谭一刀想让谭婧嫁给陈胖子，无非也是想保住谭家在甬帮菜中独树一帜的地位。

这件事上，我特别能体会师傅的苦衷，本想劝劝谭婧不如先和陈胖子处处感情，话到嘴边上，却变成了："我帮你补习，准备明年的高考怎么样？"

谭婧忽闪着大眼睛说："你，行吗？"

我说："不如我们先试试看！"

很久之后，我一直回想着那天夜里我是从哪里来的勇气，一口应允下帮谭婧复习功课的事，我记得在饮下半杯干白之后，谭婧从小舢板上站了起来，漫天的星光，头纱一样笼在她的长发之上，像有人在黑暗的深处燃起的礼花，火光扎在夜空的帷幕上，也扎在我丝绒一般的心房。

7

宁波菜又叫"甬帮菜"，擅长烹制海鲜，鲜咸合一，以蒸、烤、炖等技法为主，讲究鲜嫩软滑、原汁原味、色泽清寡。像腐皮包黄鱼、苔菜小方烤、雪菜炒鲜笋、三抱咸鲞鱼等都是宁波菜的传统名吃。

据说，之前渔民在海上捕鱼，漂泊多日，捕上来的鱼，多以海水蒸煮，不用佐料调味，一样鲜美爽口，让人唇齿留香。

就这样，我白天跟着师傅在后厨学习刀工、配菜以及鱼鲞制法。晚上歇工，便到后院陪谭婧温书，补习功课。

有天谭婧跟我说："小叔，没想到你功课那么好，在这里学厨子很委屈吧。"

我说："人各有志，学会烧菜也很好啊。对了，我只比你大两岁，你叫我哥吧。我在兄弟里排行老五，你就叫我五哥好了。"

谭婧捋过额前的长发，古灵精怪地说："嗯！五哥，是午夜歌神的意思吗？"

"是，不过是午夜唱歌瘟神的意思，你要不要听，我这就来一段！"

"那算啦，我怕听完夜里会做噩梦！"

我操着一口熟练的TVB腔说："饿不饿，我给你煮碗面？"

"嗯，好！我要黄鱼面加两个荷包蛋！"

如此过了大半年，谭婧胖了一大圈，我除了刀工、配菜、腌晒鱼鲞的本事见长，最大进步就是能够闭着眼睛烧出一碗鲜香四溢的雪菜黄鱼面。

又过了半年，谭婧如愿考上宁波的大学，我则顺利地由帮厨的小工转为灶头。日子变得顺畅起来，阿问也买了自己的张网船，偶尔拉着观光客在近海去捕鱼，挣点零花钱。

谭婧临走前，用鲨鱼牙为我磨出一串棱角狰狞的项链。

谭婧说："小五哥，送给你，这串项链样子虽然奇怪，可是挂在包上能辟邪，挂在房上能避雷……"

我说："我不需要。"

谭婧转而笑笑说："小五哥，愿意等我大学毕业吗？"

我苦笑了一下。能看到谭婧在自己的辅导下考上大学，我觉得人生已经无憾了。

那天我破天荒地为谭婧唱了首歌。谭婧怪我说，我原来一直在骗她，其实我唱歌还不赖。说完她毫无征兆地亲了一下我左侧的脸颊。

"以后就叫我阿婧吧！"谭婧笑笑，露出一个圆润的酒窝。

那年夏天，我终于体会到一种快乐，一种比卖啤酒瓶多赚出十几块钱还要快乐的快乐！

8

不知道是不是我的错觉，师傅在教我时格外用心，我从灶头做到主厨，也只用了三年多的时间。

阿婧毕业的那年夏天，宁波市在石浦渔人码头组织了首届甬菜大赛，我想我一展身手的机会终于到来了。

有天夜里，眼镜阿武送完菜，很奇怪地找我抽烟，阿武说："昨晚我听说，师傅想介绍你到宁波的酒店里做工。你要是去了宁波，能不能帮我介绍点送菜的业务？"

我问阿武："师傅他老人家怎么说？"

阿武说："你师傅自然希望自己的宝贝女儿嫁个更好的人家了。"

不几日，师傅果然找我谈换工作的事。

我说："谭家对我有恩，这些年，我吃住全在谭家，无论如何，我想陪师傅打完这场厨艺大赛，算我尽一点心意！"

"好！苏秦，其实你对我老谭也有恩啊！"谭一刀双手抱拳，刹那间，很多往事浮上心来，我眼圈一红，抱住师傅。

9

经过一轮初试，师傅和走马塘的陈亨云，一起进入复赛阶段。

半决赛的菜题是"旧菜新烧"。

走马塘的陈亨云，参赛菜品为"螺王献宝"。取料自重一斤以上的大海螺，以海螺壳为容器，取全螺肉为主食，以精致刀工将螺肉切成薄厚相等的细片。用芝士酱打底，二层敷黄米、蒜蓉，顶层添冬笋、咸菜、淡奶油，明火煨熟。这螺王献宝，三层三味，入口盈鲜，回味悠长。

师傅则做了一道拿手的"甬派文武鲳"，取东海鲜鲳鱼为主料，余姚雪里蕻为辅料，配以香葱、白蒜、姜片、砂糖、黄酒、精盐、酱油等料上锅清蒸、煎炸。难点在刀工和火候，亮点为一鱼两吃，甜咸各异，甜处嫩滑，咸处酥脆。

两菜皆为旧菜新烧，亮点突出，自然双双杀入决赛。

决赛在三天之后进行，决赛的题目是一道传统的宁波菜——"雪菜大黄鱼汤"。

我看到这个题目时和阿婧相视一笑。

阿婧说："你练了一年的雪菜黄鱼面，现在这个选题简直是为你量身打造的。"

我说："好啊，最后一战，我一定做好师傅的帮手。"

师傅点点头，默然地笑了。告别了师傅和阿婧，我匆忙赶去阿问的码头。

那场决战，谭家最终战胜了陈家，师傅也获得了首届甬菜大师的荣誉称号，那个横在师傅心头多年的阴霾，也终于烟消云散。

师兄弟们在自家酒店里开宴庆祝，而我在颁奖后，选择了一个人悄然离开。

10

阿婧后来告诉我，我离开石浦赶赴宁波的那天，她去阿问的码头找过我。

阿问跟她说，苏秦是向他借了张网船，出海三天捕到一条野生大黄鱼才赶回来的。

有很长一段时间，我都会梦到自己驾着一叶小渔船，孤身出海打鱼时的情景：瓦蓝色的天空，罩住瓦蓝色的海水，时空凝结成一块硕大无朋的硫酸铜晶体，把我和一叶小渔船衔在中间。忽然间，海天摇晃起来，晶体开裂了，我从小舢板上跌了下来，跌出梦境，跌入一片蓝色的深渊。

归途中，我遇到一阵小风暴，差点为此丢掉了性命，是风暴平息之后，夜晚升起的金星为我指明了方向。

我想起许多年前的夏天，我曾和阿问并排仰卧在小舢板里，那时感觉夏天很长，青春很长，仿佛永远不会老去，而现在，那些悠长之夏，只仿佛记忆里闪着星光而浮游的尘埃。

有很长一段时间，我在夜晚醒来后变得不再惶恐，我会牵住身边姑娘的手，放在心口，她总是睁开惺忪的睡眼，叫我喊她，阿婧！

如果星星有秘密

这个年纪真好,

能在课桌上撑着头聊着自己

天花乱坠的未来和梦想。

召唤天鹅的女孩

✤ 方栀柒

细碎的阳光透过树影在我们身上跳跃,风一刻不停歇,就像是我们从不回头的青春。

摄影／多肉ovo　模特／哑铃

1

冬日的公园里，许多树木像是丧失了生命力，即便温暖的阳光落在上面，也只剩下寂寂的枯败。我常常担忧它们错过下一个春，自此变成世界上最沉默的大多数。

寒风凛冽，连最喜欢散步的邻居婆婆都暂避风头，只有我依旧喜欢避开行人来到青鸣湖边，享受着片刻的孤独，也等待着我的天鹅朋友。

每年的冬季，它们都会在迁徙的过程中来到湖里小憩。我会在无人注意的角落模仿天鹅叫，吸引它们向我靠近，并用面包屑来换取它们的长久停留。

我不确定在它们的世界里，我是否也曾留下了痕迹——不管是爱碎碎念但语言不通的人类，还是慷慨解囊的饲养员，我希望哪怕有一只天鹅能够记得我。

自升入高中以后，我的心里常有一种强烈的孤独感。在学校，我的样貌平平，成绩平平，连唯一的特殊技能——召唤天鹅，都显得那么格格不入。

"真的假的？"有人会反问，却并不期待我的证明。

有人理性分析："天鹅聪明着呢，它们被投喂习惯了，见有人在湖边，就知道过来讨食。"

还有人不带恶意地笑着："你小说看多了吧，那能召唤小鸟吗？"

每当这个时候，我就会尴尬地笑着摇头，然后听他们谈论自己引人瞩目的特长——钢琴、小提琴、琵琶；篮球、足球、乒乓球……

"特长是付出努力后掌握的技能，你和他们不一样，你这是天赋。"

一道声音忽然响起，我失手将面包屑全部洒落湖中，回过头，一个少年不知何时出现在我身后。他倚靠在假山旁，阳光从他的身侧照来，像是一幅温暖的油画。

意识到他听见了那些酸涩难明的话，我不由得有些羞恼。可是，想到他的回应，我又不想对他表露恶意。

毕竟，天赋这个词，我从没想过会与自己相关。

我只好假装不在意地站起来，小声反驳道："这哪算什么天赋。"

"这就是天赋。"他斩钉截铁地回答，然后一脸神秘地说，"我也会，不过召唤的不是天鹅，而是风。"

说完，他兴致勃勃地要给我演示，只见他站在原地吹了一口气，然后随意地挥了挥手。世界似乎都寂静了几秒，我不知道为什么有些尴尬，手足无措地试图说出安慰的话。

下一刻，一阵风却忽然吹起了我的头发。这阵风似乎只是偶然经过，还没有染上冬日的凛冽，轻柔地穿过了那些枯枝后，便陡然消失不见了。

"厉害吧。"他向我眨了眨眼，"他们总说我碰运气，后来我就不爱这么做了。但今天听到你的话，我觉得你应该会理解我的兴奋。"

看着他的笑脸，我恍然觉得，那阵风其实并没有消失，而是钻进我的身体，掀起了阵阵惊涛骇浪。

好久以后，我才找回声音，喃喃道："的确很厉害。"

我和少年成了朋友。他叫徐行，跟我同校同年级，家也相隔不远。说来奇怪，我们以前居然从来没有遇见过。

"应该见过吧，只是当时不认识，所以没有注意。"徐行说，"以后，估计会在各种地方遇到。"

如他所说，自从我们交换了名字和联系方式，遇到的次数便多了起来——上下学的路上、课间的操场、吵闹的走廊和人群熙攘的食堂，他就像是一个小小的聚光体，在我的世界里散发着淡淡的光亮。

渐渐地，我养成了追寻他踪迹的习惯。每次看到他，心中都会有种隐秘的欣喜——在偌大的校园里，我们拥有着同样的"天赋"，是有共同话题的好友。

虽然在学校里，我们只在相遇时打声简短的招呼，但每逢周末，我们总会找个时间见面，一起探讨颇为梦幻的风与天鹅。

我们试图从科学的角度分析风的成因，分析天鹅为何会听懂我的召唤，但最后总会笑成一团，兴致勃勃去找寻更多"同伴"。

通过互联网，我们知道有人模仿各种动物的叫声模仿得惟妙惟肖，有人能敏锐地闻到不同味道、看见不同颜色，有人能顺应天时召唤风雨雷电……

前两个更像是一种能被世人理解的天赋，后一个则像是带着好运的玄学技能。

"还是你比较厉害。"我有些羡慕地说。

"你也很厉害。"他似乎已经习惯了我的自怨自艾，自然开导道，"我们每个人都是独一无二的，你不用总是去跟别人比较。"

我想反驳，最后却只是默默点了点头。

对于我们的关系，我总是带着担忧。因为我和他实在性格迥异，爱好不同。

他比我要开朗，身边总围绕着几个相熟的同学。每次在学校与他打招呼，我都会生出一种被人注视的不安。

即便是周末，他也会与朋友约着一起打篮球、滑滑板，而我就像"召唤天鹅"的天赋一样，只有在特定时间、特定地点才能被他想起。

为了延续与他的友情，我开始尝试着让自己更合群。

我努力练习微笑，希望他在我的沉默寡言下，接收到友善的信号；我努力听课做题，希望提高成绩，多一些亮点来吸引他的注意；我还研究过一些不那么需要社交，但听起来比较美好的爱好，比如阅读、练字、绘画来丰富话题。

可在天鹅离开的春天，我和他的联系还是渐渐减少了。

我又回到了按部就班的学习生活中。

为了让自己不去想那些无法掌控的关系，我开始逼着自己认真学习。

因为我发现，"努力"从不会给出模棱两可的答案。我认真听的课、咬牙做的题，都会在汗水的浇灌下，结出该拥有的果实。

我不用去思考太多可能性。

可有时候还是会忍不住比较：为什么我和别人花了同样的时间，却得不到同样的好成绩；为什么别人看起来毫不费力，就能拥有我咬牙也得不到的收获。

"你怎么知道别人没有偷偷努力呢？"徐行一边叹气，一边给我举例，"没有被你召唤的天鹅，自然不知道湖边有个好心饲养员在偷偷给同伴开小灶。它可能也会苦恼，怎么同样是迁徙，有些天鹅居然还能变得更强壮。"

说着，他还夸张地弯起手臂，展示着自己的肱二头肌。

我被他描述的画面逗笑，似乎真的看到了一只垂头丧气的天鹅在烦恼。

他接着说："我们要看到自己的努力。"

他吹了一口气，又挥了挥手，召唤来一阵带着清香的风："比如今天风里虞美人的香气，就比昨天的要更清雅。"

我忍不住打击他："这跟你有什么关系，明明是虞美人在更努力盛开。"

他耸了耸肩，换了个说法："经过我的努力，给周乔同学带来了更清雅的香气，这样总可以了吧。"

我愣了愣，不知为何脸突然红了，便支支吾吾地点了点头。

他似乎总是积极的，既能欣赏自己的特别，也能接受自己的普通。而这些不同的"特别"和"普通"，又构造出了每一个独一无二的人。

在他心里，我也是独一无二的周乔。知道这一点后，我忽然没那么焦虑了。

日子飘飘忽忽在过。哪怕课堂上度日如年，可每次回首，总能感受到时间的跨度。

因为一些细碎的改变，我似乎不再那么暗淡无光了，也多了几个聊得来的朋友。

那些别人看不见的努力，正慢慢让我向着理想的样子一步步前行。

4

又是一年冬。天鹅再次降落在湖面时，我和徐行的交流顺理成章地多了起来。

在天鹅面前，我们探讨难做的数学题，抱怨难背的诗句和单词。想到越来越紧张的学习，再积极的人也止不住叹气。

这天上午，我正在图书馆与作业做搏斗，徐行兴致勃勃地找上我，问道："你知道什么叫组合技吗？"

我一头雾水："游戏吗？我不太懂。"

他神秘兮兮地说："我和你的天赋。"

我被这话勾起了好奇心，可再问他却什么都不说了。直到坐在他自行车的后座，我还在不停询问，企图得到答案。

他一路前行，蓝白色校服被风吹得鼓起，轻轻触碰着我的侧脸。我这才后知后觉我们的亲密。

我咽下那些无意义的问话，伸手悄悄拽住了他的衣角。

细碎的阳光透过树影在我们身上跳跃，风一刻不停歇，就像是我们从不回头的青春。

这一刻，我忽然无比庆幸自己的"特别"。

他将我带到了临近郊区的湿地公园，在湖边找了个阴凉地方坐下。在这里，常常有天鹅从天空飞过。

"它们不一定会降落。"我好像明白了他的想法，陡然生出几分焦躁。

"没关系，我们可以一起召唤它们。"他的回答证实了我的猜测。

他说，他会试着召唤风，将我的声音传送得更远，一定会让天鹅听到我的召唤。

我的脑海却闪现出他人怀疑的话语，开始担心技能失效——若是青鸣湖边的天鹅真是因为被投喂惯了，自主找上我的呢？

乱糟糟的想法充斥我的脑海，我甚至想退缩逃跑。可还没等我想好措辞，徐行已经兴奋地叫了出来："天鹅来了。"

是一群悠然的白天鹅。

在他期待的眼神中，我的手脚发冷，一声声天鹅鸣叫不受控制地从我口中吐出。几乎在我开口的瞬间，他便带来了一阵风。

清脆的天鹅叫声乘着风去到了更远的天上。

"不知道风力够不够。"他似乎也有些紧张，"我不太能控制风向。"

我眼睛死死盯住那群天鹅，心跳如擂鼓。空气在这一刻变得浓稠，时间也被按下延缓键。

我害怕让他失望，更害怕自己的特别其实并不特别。

随着时间的流逝，我甚至开始埋怨他今日的突发奇想。如果不是他，我本该舒舒服服地待在图书馆做题，而不是傻站在湖边等待自己的旧日美梦破碎。

我的眼前渐渐生出雾气，直到徐行兴奋地抓住我的手臂摇晃："它们真的听见了！来了来了！"

那群在我眼前远去的天鹅拐了个弯，听从我的召唤落到了湖面，并优雅地向我们游来。

我手中并没有面包屑，可它们还是自然地靠近，碰了碰我的手腕。它们的喙坚硬，还带着风的凉气，轻易就触碰到了我最柔软的内心。

在徐行开心的称赞中，我忽然落下了眼泪。

过往的自我怀疑在这一刻碎成齑粉——我的确拥有召唤天鹅的天赋能力。

徐行有些慌乱，试图给我擦眼泪，却碍于朋友的尺度，手足无措地站在原地。

在某个瞬间，他好像明白了什么。他看向我的眼睛，露出了一个斩钉截铁的微笑，说道："你看，我早就说过了，你可是世上独一无二的厉害周乔。"

| 如果星星有秘密

她无比希望这是一场
噩梦，是一场虚惊。

一 鱼

※ 阿列

1

光和影之间是什么？

明幼又梦见自己变成一尾鱼，栖在黑油圆滑的石块上，四周十分安静，明媚的阳光穿透澄澈的水，水面有树枝般分叉开来的波纹，像是裂开的冰块纹路。她不知在寻找着什么，拼命往前游、往下游，阳光愈来愈薄，粼粼波浪化成巨大的汹涌的水流，越过光影交界，她忽然醒了。

天已经大亮，窗帘上绣的百合花随风忽起忽落，外面是遥遥的车声。明幼脑子里仍然是梦境的画面，身体熟练地洗漱穿衣，等她回过神，许萤芽已牵着她的手走在上学路上。她讨厌别人牵她的手，用力拽回，许萤芽脚步一顿，回头，发辫是春日最柔软的枝条，跟着一甩一晃，明幼闻到淡淡的洗发水香味。

许萤芽冲她笑了笑："方才你妈妈说你答应周末的聚会了，真好。"

明幼不说话，自顾自地往前走。许萤芽追上去，道："这两天你没去上课，班主任还问起你了，说要班长组织同学来探望你。"

无论她摆出多么冷漠的姿态,许萤芽永远都是这副笑盈盈的模样。其他人也是,自从知道了她的事,都小心翼翼地对她好。她厌恶这一切。

人真是奇怪,年幼的时候,同学得知她生在单亲家庭,只会嘲笑她、捉弄她,等长大了,反而极具同情心,站在圈子外可怜你。明幼感冒还没好,不停地咳嗽,虽然戴着口罩,也怕传染给别人,故而有意地远离许萤芽,许萤芽不停地跟上来,不停地说着班级里新发生的趣事。她聒噪的样子,令明幼想起十岁的自己。

十岁的自己,虽常因家庭变故受人捉弄,大体上还是个活泼多话的女孩子。那年暑假特别热,蝉鸣声格外吵,但小孩子是不畏炎热吵闹的,太阳还未落山,便三三两两聚在空地上跳绳。明幼新搬来的邻居家有个安静的男孩,叫夏陈勤,其他小孩在玩闹时,他总是闷在房里弹琴,像专门给游戏伴奏似的。明幼似只轻巧的兔子跳过皮筋,额前碎发扬起又落下,阳光有些刺眼,她下意识地偏过脸,却看见夏陈勤站在三楼阳台望着他们,稚气的脸上挂着淡淡的笑。每个初到陌生之地的人与原本的团体之间都有着天然的、无形的隔绝,明幼忽然觉得他有些可怜。

次日玩跳房子时,明幼敲开隔壁的门,乖巧地问阿姨好,邀请夏陈勤一起玩。楼上的琴声在阿姨的叫唤声中戛然而止,夏陈勤走到楼梯口时,望着素不相识的明幼,明显地犹豫了一会儿。

夏陈勤不玩跳房子跳绳,说是一起玩,他不过静静地站在一旁。暑假很快过去,这个新来的邻居没能融进小伙伴圈子里,他就像一棵枝叶繁茂的小树,静默地站在他们身边,关于暑假的记忆总是有他模模糊糊的身影。很快,开学了。

开学没几天,明幼的父母离婚了。她终于从终日无休止的吵闹中解脱,像是沸腾的开水忽然变得平静冰凉,她竟有些不适应。自那以后她很少见到父亲,周围的孩子对她偶尔施舍一些高高在上的怜悯,大多时候是嘲笑她没爸爸。她成了第二个夏陈勤,总是闷在房间里做无穷无尽的题,母亲过于急切地期盼她能出人头地,近乎变态地严格要求着她的学习,禁止她玩游戏、交朋友、看课外书。一切对考试无用的事物,都是不能碰的。

夏陈勤是转学生,和明幼同年级,每天早上她刚打开门,夏陈勤经常恰好边系着红领巾边走出来,两人淡淡地问个好,一前一后隔了两米远的距离走着,直到进了校门,没什么话。放学时夏陈勤准时回家,明幼玩心收不住,总是找借口,打扫卫生、出黑板报、老师拖课,十分二十分钟也好,偷偷跑去玩。期中考试明幼考得并不理想,母亲命她跪在竹凳子上,头顶着一盆水,边揍边骂:"对面陈勤从来都是准时回来,不用补课不用人催促,考了个第一,你呢,还敢玩?别以为我不知道你每天去哪里疯了!考这么个丢人的分……"她哭得厉害,跪不稳,水洒了又洒。夏陈勤跟着他妈妈过来劝的时候,地板上已是湿漉漉的一片。

"让小勤给她补补就好,别打坏了孩子。"夏陈勤的妈妈心疼地看着眼睛红肿的明幼。

门口围观的其他小孩笑嘻嘻地望着他们,明幼一边抽泣一边低下头,心中恨透了,夏陈勤肯定是和他们一样来看好戏的。

2

自那以后,明幼和夏陈勤一起上学,又一起放学,走过树影斑驳的小道,穿过一条小巷弄,径直回家。除了吃饭和睡觉,明幼都跟着夏陈勤,做作业时她总爱捏书角,练习册的右上角永远是卷卷的、皱巴巴的,一翻开都是歪歪扭扭的涂改痕迹,不像夏陈勤的,崭新平整,翻开来,是飘逸的字,除了一道道打钩,没什么多余的内容。写完作业,夏陈勤会练会儿琴,明幼便趁机趴在桌面上弹橡皮擦玩,琴声从她的指缝钻过,跳过橡皮擦,跃到窗外去了,窗外是大片金黄的晚霞,还有温热柔软的风。

"当当当",夏陈勤拿钢笔敲了敲桌面。明幼直起身子,有些心虚地别开目光,对这个领了母亲大人旨意的小老师,说不怕是骗人的。

"你初中要读哪里?"夏陈勤没头没尾地问了句。明幼"啊"了声,想了片刻,不确定地说:"一中吧……"说着小心翼翼地瞥了瞥夏陈勤的脸。她和其他人说想考一中的时候,收到的只有不屑和嘲讽,连母亲也说她癞蛤蟆想吃天鹅肉……

"那就好好努力。"

夏陈勤一本正经的样子像极了班主任。明幼忍着笑点头,拿笔低头假装做题,忽觉得从不取笑自己的夏陈勤真是个好人,胸口的红领巾都比别人的鲜艳许多。

明幼的成绩慢慢上去了,随着初考临近,她的身高也在悄无声息地往上增,毕业时比夏陈勤高出了半个多脑袋。那个年纪的女生大多长得比男生早,明幼站在夏陈勤身边时,倒像是他的姐姐,而多嘴多舌的同学们早在谣传他俩关系"不正常"。夏陈勤是尖子生,老师疼爱非常,他们不敢招惹,便专在明幼面前笑她没爸爸,笑她和矮冬瓜在一起,在课间往她抽屉里放垃圾,故意把她的椅子踩脏,拿笔偷偷画她的衣服……起初她会生气、会和人理论、会推人骂人,家长被请到学校,对方被搂在父母怀里安慰,而她被母亲当面骂废物只会惹事。慢慢地,她沉默了,不管遇到好的还是坏的事,沉默是一潭深不见底的死水,无论投进去什么,最多只有沉闷的"咚"的一声。

她不知道沉迷学习的夏陈勤听没听说过自己受欺负的事,如果听说了他会怎么想,会不会也看不起自己?又或许会觉得自己很可怜,所以才会每天晚上做作业的时候不道破地安慰几句?明幼的烦恼是春日里恼人的细雨丝,催着枝叶发芽,疯了一样发芽,抑制不住。毕业时,夏陈勤妈妈笑她长得快,她才猛然发觉,不仅是那些微不足道却充满自己整个小世界的烦恼在发芽，自己的身体也在发芽了。

她对此懵懂而羞涩、喜悦又抗拒。夏陈勤跑到她家告诉她两人都被一中录取的好消息时，她愁眉苦脸地微微低眼看着眼前稚气的男生，忽觉得一阵烦躁，想把一切都推得远远的，越远越好。她"砰"地关了门，趴在床上听风扇的呼呼声，肚子一阵阵发凉，迷迷糊糊睡了一觉，上厕所时发现裤子红红的，吓得连声叫"妈"。

明幼小学毕业那年暑假，夏陈勤去了奶奶家住，两个月都不见人影。而明幼，在母亲意味不明的关切目光和亲戚们带着莫名笑意的关怀问候中，上完了苦闷的辅导班。

高考进入了300天倒计时，所有人都如临大敌般紧张认真，仿佛前方是比生死未卜的战场还要恐怖的地方，不努力一定活不成，大多数人在高考前确实做到了"拼命"二字。像明幼这般自习课还能悠闲地在草稿纸乱画的学生，屈指可数。

许萤芽推了推厚底的眼镜，伸过头来："你在画画啊？画得真好！"

明幼笔尖一停，恰勾出鱼尾巴的下弧线。密密麻麻的计算公式下面画了一尾摇头摆尾的鱼儿，水草是招摇的衣带，水波下光影重叠。

"你学过画画？这鱼真好看。"

"没有。"

"可惜了。"许萤芽重新把头埋进题海中，又重复道，"画得真好。"

画得真好。明幼一恍惚，又听见那时候夏陈勤对自己说，画得真好。

"没学过，光和影能处理得这么棒，明幼你很有天分啊。可惜了。"夏陈勤道，"画得真好。"

当时自己是什么反应呢？欣喜？得意？不是的，当时自己发了很大一通脾气，脆弱可笑的自尊心使她在听见夏陈勤的惋惜时本能地摆出防御姿态。她冷笑着说："不是谁都能和你一样，要什么有什么。"

是了，那时她是自卑的、嫉妒的。她喜欢画画，可画画并不能让她成绩单上的分数上涨，她曾偷偷在作业本的背面画花、画树、画鸟。母亲发现后，把那些画都撕掉，又狠狠斥责了她一顿："你现在最大的任务是学习，搞这些没用的浪费时间干吗！"后来她发现夏陈勤家里堆了满满一柜子的漫画书，她在夏家写作业时偶尔会偷闲抽几本看看，那是冗长枯燥的学习生涯中难得的幸福时光。

初考暑假结束夏陈勤回来时，长高了许多，已经能和明幼平视。他带回几张写生，明幼看了十分吃惊："你还会画画？"

"嗯，学过。"

他喜欢什么、想学什么，父母都会满足他。以前明幼觉得他可怜，一整日要被关在房间里练琴、看书，后来才知道，是他天生性子静，父母赶着他去外面耍，他都不去。

她在新买的笔记本上画了一只蹲在花影中的兔子。夏陈勤看了很惊讶，问她："你不是没学过画画吗？"

"是啊。"

"画得真好。可惜了。"

不是谁都能和你一样，要什么有什么。她几近嫉恨地想，要是他俩能换一下家庭就好了。

3

许萤芽连续请了一周的假，明幼独自上下学，竟觉得有些落寞。周五下午老师把许萤芽的期中试卷拿给明幼："你和萤芽最要好，你帮忙送去她家吧。"明幼接过卷子，想说是她一直缠着要和我一起上下学，我和她才不要好。瞧见老师已经转身，话到嘴边，只得又咽了回去。

许萤芽的家在一所初中旁边，明幼经过时校门口已冷冷清清，走进旁边的巷子，拐个弯就是许家了。她刚到巷口，便望见一群穿着校服的初中生围在角落，走近了，听见有女生的哭声。

许萤芽家里没人。明幼把试卷从窗户缝塞进去，留了张字条。往回走的时候看到方才那群学生已经散了，原地只有个短发女生蹲着哭泣，书包里的纸笔散落一地，校服上还有黑乎乎的脚印。明幼蓦地心慌，加快脚步走过去，目光僵硬地朝前，不敢偏头。

她恨透了那些仗着自己认识些小混混或者本身就是混混的人，恨他们在弱小的同学面前耀武扬威、为所欲为，就该把他们抓起来狠狠地教训一顿……方才那个女生无助的哭声像幽灵一般一路跟着她，她越走越快，最后小跑起来，像是要摆脱穷追不舍的恶狗，慌张焦急。

她想起刚上初中的时候，因为青春期萌发的羞涩和对流言的恐惧，故意地疏远夏陈勤，有时在路上遇到，她会故意放慢速度，夏陈勤的背影随着车辋辘声缓慢地移动，她的世界也是慢的，慢得几乎要从车上摔下。她不怎么交朋友，在别人看来她性格孤僻，因此也没什么人主动和她交朋友。夏陈勤人缘倒是不错，成绩优异、多才多艺、为人随和。有时课间休息的时候，明幼透过玻璃窗看到夏陈勤和一群伙伴倚着栏杆说笑，明媚的日光洒在他们的短发上，好似秋日暖阳里田野上金黄修长的稻叶。她想起以前，夏陈勤站在人群外看他们玩耍，她在人群之中看他，总觉得他有些可怜。现在夏陈勤是不是也觉得她可怜呢？

整整一学期，明幼没怎么和夏陈勤说过话。期末考的时候他们碰巧一个考场，她在倒数第二排，埋头写着写着，抬头看时间时，目光总是不经意地落在夏陈勤的背上。他坐姿端正，从不驼背，不像她，恨不能把脸贴在桌面上。后桌坐了个不认识的女孩，考数学和英语时不停地拿笔戳她、要她给答案。她回头瞪了那女生一眼，转过来时发现监考老师正盯着自己看，脸瞬间发热通红，为证清白，她故意用力地把桌椅往前挪了挪，和后桌女生拉开距离。

最后一场考完，出校门时人群拥挤，等人们像过了海口的河水一样四散开，明幼才发觉有些不对劲。她能感到身后有人跟随，单车越踩越快，身后的人也跟得越来越紧，最后在一条冷清的街上把她拦下。

为首的是考试时坐自己后桌的女生，明幼刚下车就被她用力推了一把，险些摔倒。

"会读点书了不起啊，不给抄还给我脸色看，欠收拾是不？"

明幼看到过有些懦弱"不听话"的同学被教训，有时在校外，有时就在教室里，但从没想过有一天自己会成为受害者。她瞪着那个女生，不说话。

"跪下道歉我就放了你。"

明幼一动不动，只是瞪着她。旁边另一个女生冷不丁给了她一巴掌，"啪"的一声，像鱼掉到水里的声音。她咬着牙，眼泪簌簌地掉，下意识地用胳膊挡下另一巴掌，谁知她们见她反抗，愈加兴奋，其中一个往她的小腹踹了一脚，她连人带车摔在地上。

屈辱、愤怒、恐惧，她说不清那时自己是什么样的心情，只知道抬头看到经过的夏陈勤时，第一反应就是把脸埋起来。

她不知道谁又踹了她一脚。她无比希望这是一场噩梦，是一场虚惊。

"明幼？"她听到夏陈勤喊她，可她不敢抬头。

"这是我朋友。"夏陈勤似乎认识她们，"别为难她了。"

她坐在地上，脸埋进手臂围成的圈里，夏陈勤拉她，她不肯动，只是啜泣。好久，四周都是静的，所有人都离开了，风微微凉，她多希望风大一些，把她吹到深渊底下，让她做一尾清静的鱼，不用和人来往，也不会有狼狈和不堪。她哭到头昏脑涨，起身时有人扶了一把。是夏陈勤，他一直等着。

"我送你回去。"他对方才的事只字不提。明幼也不想提，她恨不能忘了这一切。

回家后，她把脸沉到装满水的盆中，一次一次，想象自己是条鱼儿，游到幽暗的、无人知晓的地方去。母亲到家时，她正站在镜子前擦湿了的头发。

"早不洗晚不洗，快要吃饭了你洗头发，脑子有毛病啊……"

她把喉头的哽咽吞下去，尽最大努力做出没事人的样子。

假期补课，夏陈勤主动和她一块上学放学，明幼也怕又被找麻烦，也不拒绝。她愈发沉默，只有和夏陈勤聊天时会开心地笑，夏陈勤就像一块牢固可靠的大石头，供她藏在石缝下避难或玩耍。她感激夏陈勤，每每家里买了好吃的，总要偷偷带一份到对面去。夏天的晚上，飞虫和灯火一样热闹，有时她带了作业到夏家，两人像小学时那样面对面坐着，纱窗上时不时有虫子飞撞的声响，她揉揉发涩的眼睛，夏陈勤也停了笔和她说说话：这道题很难但她解出来了、上次小测得了多少分、刚看完哪一本名著……琐碎而无关紧要的话题，青涩但感情笃深的两人，无声消逝的岁月和缓缓生长的青春。在学校和家里，明幼孤独而没有安全感，在夏陈勤家里，她莫名地感到安心和依赖。很长一段时间，路过当时被打的那条街时，明幼都会紧张恐惧到不能自已，甚至有时路上遇到熟人喊住她和她说话，她也会惊慌。夏陈勤不说那天的事，只是默默地陪她换了条路走。

她恨透了那群人，也恨透了无法报仇的自己，恨着专横的母亲，恨着纵容校园暴力的老师。唯有夏陈勤，是荒漠飞沙里唯一可以抱住的花束。

4

春天在雨水中染绿，太阳一晒，这些绿色很快生长成郁郁葱葱的夏天，知了的叫声响起的时候，高考也近了。

开战之前的氛围极其紧张沉重，每个人都恨不能一天多出几小时读书，又恨不能明天睁眼就是高考后。周日学校里也是人来人往，自习的同学坐满了教室，偶尔有轻轻的讨论声，像是拂过书页的羽毛，不惊扰旁人。

许萤芽却三天两头请假。

明幼把新发的试卷带到许家。许妈妈难得在家，开了门后热情地将她迎进屋，倒水端水果。明幼有些怕她。许妈妈瘦了很多，两条胳膊比之前细了一圈，下巴尖尖，头发随意地扎起，看着倒没少。明幼握着杯子，并不喝，许萤芽出去买东西了，一会儿才能回来，她觉得坐立难安，对面的女人似乎不是同学的妈妈，而是个幽灵。

她害怕死亡，以及即将死亡的人。

许妈妈很温柔，寒暄两句后，她起身回屋拿了个东西出来，递给明幼："上周和萤芽去庙里拜拜，求了几个符，这个给你，希望你顺利考上想去的大学。"

明幼接过来时，触到许妈妈的手指。凉凉的，溪水一般。

"谢谢。"

"你和萤芽都是很棒的孩子。"

明幼错愕地抬头，正撞进许妈妈盈满笑意的眼睛里，明亮温柔，尽是喜爱和自豪。一刹那，她的心好像被鱼用力地撞了一下，水花四溅，涟漪层层。很少有人这样夸她，她也不觉得自己有多好。

"萤芽能和你当好朋友，阿姨真的开心坏了，你沉静刻苦、聪慧坚强，我多希望有朝一日萤芽也能成为你这样的女孩子。"

明幼并不欣喜，反而慌张不安："阿姨，我很不好的，很没用的……"

回到家中，明幼的脑海里一直都是许妈妈笑着的模样，还能笑得那么灿烂，一点将死之人的模样也没有。可将死之人该是什么样的呢？谁都可能是下一个死亡的人啊。许萤芽能长成善良乐观的女孩子，和她妈妈有很大的关系吧，其实明幼十分希望有朝一日能变成许萤芽那样的人，但无论怎么努力都是不行的。很多东西是我们拼了命去努力也挣不来的。

比如在自己年幼时尚能和睦相处的父母，比如光和影之间倏忽游逝的那尾鱼。

初中毕业的那个夏天，同学都去旅行了，明幼却被逼着在家里预习高中的课程。烦闷恼人的夏天在电风扇的嗡嗡声中悄悄融化，八月中旬，夏陈勤和父母从国外回来，给明幼带了伴手礼，明幼心里酸溜溜的。家里的经济情况并不好，母亲又十分节省，觉得外出游玩是浪费，她提都不敢提旅游的事。没几天，夏陈勤的妈妈亲自登门邀请明幼和她一起去海边露营，母亲不好拒绝，也就同意了。

明幼知道肯定是夏陈勤的主意。

他们一行三人，坐了三小时的车来到海边。夏日灼人，可天气越热，海浪翻滚得越是热闹，大海越是开心活泼。明幼迎着风赤脚跑，跑到海水里，一波一波的浪欢迎着她，海天辽阔，她终于感觉到没有束缚，一切都是自由喧嚣的。如果可以，她要一头扎进水中，畅快地游，欢快地喊。她感激着夏陈勤和他妈妈。夏陈勤拿了顶帽子朝她走来，她不接，拉起他的手飞快地跑，沿着沙滩追着鸟，飞快地跑，沙子细细软软的，裹住她的脚丫子，他们的脚印没能在海浪中留下，他们的笑声很快被海风吹散。

夏陈勤已经比她高了一个头，明幼拉着他，像是拽着一只落地的大风筝，呼啦啦，呼啦啦，也许跑得再快些，风筝就可以飞起来啦。

回到家后，明幼悄悄地在草稿纸的最后一页画了一只无人放飞的大风筝，海水在她的笔尖翻涌，水下一条小鱼朝着海面游去。

5

高考前一周便放了假，书是看不下去的，母亲难得不再念叨，她约了许萤芽去逛书店。天气阴着，但还是闷热异常，她们在书店里徘徊时，明幼偶然发现了一本漫画书，拿在手里看了又看，却不敢翻开。

"你也看这个呀。"许萤芽凑了过来，"连载了七八年，听说今年要完结了。"

以前她和夏陈勤一起追过这部漫画。作业写到脖子酸痛，他们就坐在阳台边上说话，聊追的漫画更新到了哪里。她把书放了回去，有些出神。

"萤芽。"她突然问，"你妈妈还在医院吧？"

"嗯，前两天刚化疗完。"

她看着许萤芽，忽然有些心疼。这个傻白甜女生其实也经历了不少，许妈妈得了癌症后，许萤芽一方面要读书，一方面还要照顾妈妈，说不辛苦是骗人的。换成是她，大抵要哀叹命运薄待她、要怨恨老天，可许萤芽不会，许萤芽依旧笑盈盈的、依旧善良美好。苦难会把人变成魔鬼还是天使？又或者，苦难不过是揭露人本来面目的一只手而已？

"去看看你妈妈吧。"明幼说。

刚到医院就下起了雨，噼里啪啦，下得很急很凶。雨水的潮湿气息混着医院消毒水的气味，并不好闻，还好许妈妈住的病房挺通风。许萤芽把窗子半掩，倒了杯水给明幼，许妈妈脸色愈发苍白，又瘦了一圈，脸上依旧挂着微笑，好像病魔并不曾给她带来多大的痛苦——可她的气色分明很不好。雨声哗哗，屋外的一切似乎都被雨水冲刷走了，天色昏沉，灯光诡异，似真似幻，有一刹那间，明幼竟分不清是在梦中还是现实。

许萤芽出去打水了。

"阿姨。"她看着许妈妈手背的针管，不知为何，一股情绪上来，卡在喉头，卡得她红了眼。她说："你要努力活下去，就算为了萤芽……"她是习惯藏起情绪的人，可进了医院，她的情绪翻涌，心底的鱼儿冲来撞去。

她终于哭出来。

"不要死……不要死……"

许妈妈笑了，握住她的手，安抚地拍了拍，柔声道："明幼，你是个好孩子。别哭，阿姨会加油的。"

明幼哭得脑袋发蒙，抽泣道："我有时候觉得，这一切都是在做梦，死去的人其实都还在，只是我没从梦里醒来……"

"明幼，我有时也会想，人一辈子就是庄周梦蝶，我们都是在梦中相遇、在梦中分离，那些离开的人，只是游出了这场大梦。那么，所有人最后都会在梦外再相逢的，所以不要哭，明幼，就算有人先离开了，你们也要努力让自己的梦绚丽无憾，你们的梦不应该因为别人的离开而停止。阿姨听说过你经历的事。鱼儿在水里游的时候，有时会撞到石头，有时会被水草缠住，但光一直都在，无论你是在烂泥中还是在险滩里。"

明幼想起初三暑假的最后几天，夏家不停地放着哀乐，她在哀乐声中哭着睡、哭着醒。对面再没有响起过琴声。她想起夏陈勤躺在医院里，一动不动，他就在那里，可他不在那里了。学生游泳溺水的事每年都会发生，但无论如何，明幼都不会想到，这种事会发生在自己的青春里。那些本该是传闻里的悲剧，突然活生生、血淋淋地出现在她的世界里。

她总是梦到自己变成了夏陈勤，夏陈勤是一条鱼，从阳光往黑暗处游去，每每游到光影之间时，她便会惊醒。她曾想过，夏陈勤应该会再长高个五六厘米，那时候她就得仰着脑袋看他了，等高考完了，她可以去打暑假工，然后和夏陈勤再去海边玩，他们可以报同一个城市，或者同一个省份——总之不要离得太远了。所有这些，到最后，都只存在于她的想象中。

她拼命地把自己藏起来，远离人群，独自待在石头的阴影下面，即使游动，也是朝着深渊。

可光一直都在的。

许萤芽和明幼都如愿考上了理想的大学。她的母亲终于舒了一口气，拿出积攒已久的钱，对她道："和萤芽去海边玩一次吧——你不是一直想去旅游？"

她把钱推回去，笑了笑道："我和她商量好了，不去海边，去庙里还愿就好。下星期开始我去打工，然后报个绘画班。"

她和许萤芽虔诚地磕了头。萤芽还求了两个符，路上塞给她一个，眨眨眼笑道："去学校的时候带着，我特意帮你讨的。"

那晚，明幼梦到许妈妈朝着她笑，梦到夏陈勤拉着自己一直往海里跑，入了水后夏陈勤变成一尾鱼，绕着她游了两圈后，朝海底摇尾而去，穿过光影，渐渐消失。而她把头探出了水面，阳光正好，天空中有高飞的纸鸢。

时光若刻

陈谌

其实我并不是个聪明的孩子，只是我的头脑像影印机那般清晰而高效，又像电脑一样冰冷而精确。

1

我开始发现自己和别人不一样是在5岁那年。

那是一个起风的星期五，天气有些阴霾，早晨起床时妈妈让我多穿点，因为今天开始要降温。那天早上一进幼儿园，我就因为和一个名叫高恒的小胖子打架，被我们的孙老师给抓住了。孙老师是一个很温柔的女老师，那年她23岁，刚从大学毕业不久，那天她穿着一件暖黄色的线衣，梳着一个很好看的马尾辫。

她把我和高恒揪到角落，问我们为什么打架，高恒一脸茫然地摇摇头，说："我不知道，他今天一进来就打我，说要找我算账。"

于是她转而问我要跟他算什么账，我义正词严地告诉她："三天前下午放学回家的时候，他在我屁股上踢了一脚，他说有本事三天后找他报仇，所以我今天就打他了。"

孙老师笑着摸了一下我的头，说："你这孩子可真是记仇呢，小朋友之间要相互友爱。"

我说："他才没跟我友爱呢，他从认识我到今天总共踢过我7次屁股，揪过我5次耳朵，还捏过我两个8次脸。"

那时候我只学到10以内的算术，所以只能用这种方式来描述16。

听我这么说完，原本微笑着的孙老师顿时就表情凝固了，她把高恒打发走，然后就拎着我到园长办公室给我妈打了个电话。

后来事情的发展就没有什么悬念了，

她们惊奇地发现我是一个不正常的孩子，我能清晰地记得从自己记事开始的每一件事的每一个细节，细致到每天的每一顿饭吃的是什么东西，电视播了什么节目什么新闻，天气是好是坏是刮风还是下雨，甚至谁在什么地方和我说了什么话，每一个画面都历历在目，只要我去回忆，它们就像过电影一样清晰。而且除了睡觉的时间，没有任何的空白之处。

而我也从那一刻才开始明白，原来人是一种会"遗忘"的动物，他们会把眼前这如此清晰、真实而不停流动着的画面在转瞬间忘得一干二净，甚至连自己说过的话、做过的事、听过的歌、读过的文字都能够在一段时间后无情地抛至脑后，而且遗忘的概率和效率都如此高，就好像西瓜经过榨汁机后留下的那些少得可怜的残渣一般，我甚至有些担心他们会不会有一天连自己是谁都忘掉呢。

可我自己却完全没法体会这种"遗忘"的感觉，就好像活着的人永远无法领悟"死亡"的虚无感一般，我只能无助地坐在那里，看着家人因我将前一天晚上的新闻联播一字不差地背出来后那惊奇而又惊恐的眼神，然后忧愁地交谈着这究竟是一种什么病，会不会对大脑的发育有影响之类的话题。

然而成人的世界终归是功利的，当我在邻居面前把《三字经》《弟子规》像倒豆子一样倒背如流的时候，我看到了父母得意的眼神，尽管这只花了我总共不到一个小时而已。而他们打电话的时候，也只要喊一声"七大舅"或者"八大姑"，我就能把号码完完整整地报出来，比查电话簿要方便快捷多了。甚至连我奶奶也会问我"缝衣针放在哪里了""昨天午饭吃的是什么""早晨我说要去谁家串门来着"之类的问题，从此之后他们再也没有讨论过我脑子的结构，只夸我是个聪明的孩子。

不过其实我并不是个聪明的孩子，只是我的头脑像影印机那般清晰而高效，又像电脑一样冰冷而精确。

2

很多年后，当我以全省第一名的成绩考入一所全国知名的大学后，我才知道原来我的病叫"超忆症"。

得这种病的患者记忆力会异于常人，能够记得生活中的每一个细节，且过目不忘，这就是我能够毫不费力地考入名牌大学的原因，我从小学开始就基本没有认真学过什么，只要是我看过的书，上过的课，做过的题，到考试时都能像放电影一般在脑海里回放，简直就像作弊一样。由于我的逻辑思维能力并没有那么出众，只是单纯记得原有的题目而已，所以我的理科一直都不好。但自从我报了文科，我的高中生活便再也没有学习二字了，历史、地理、政治三年所有的课本，我一周就全看完了，从此以后大小考试都和开卷考无异，需要引用书上的论点时，我的答案从来都是一字不差，连标点符号都一模一样。

据我所知，全世界得这个病的也就那么几个，而能够病到我这个程度的，估计应该不会有第二个了。

从小到大我都过得很开心，因为父母

从来没有担心过我的学习，而我也因为自己的特殊能力交到了很多朋友，我会跟他们讲各种各样的笑话，说千奇百怪的故事，甚至可以告诉他们在某年某月某一天，他们穿什么衣服，在什么地方说了一句什么话。而他们也会听得津津有味，瞪大眼睛如痴如醉般出神地望着我，就好像在听别人的故事一样。

也就是在这样的时刻，我开始羡慕他们，羡慕他们眼神里流露出的那种东西。我从来无法理解他们对于回忆的眷恋，他们总会很怀旧地拿起一张多年前的明信片，围在一起回味一张泛黄的旧照片，甚至看一部很久之前看过的电影，这些东西对我来说都是没有任何意义的，毕竟在我的脑海里它们清晰到触手可及：明信片上的每一个字我都能默写下来，照片上发生的事情我一眼就知道是哪一天的哪个时刻，而旧电影的每一个剧情、每一句台词，我都能躺在床上闭上眼睛完整地放映一遍。

这是一种痛苦的羡慕之情，甚至渐渐演变成了一种嫉妒，我感觉自己是一个没有回忆的人，只因为我的脑海里满满都是所谓"回忆"。

我开始变得郁郁寡欢，也不再愿意与人接触，在大学里我开始逃课，躲在宿舍里打一天游戏，或是在图书馆看一下午书，甚至仅仅只是坐在湖边发呆，什么也不去想，因为这些都是除了睡觉之外减少回忆的最有效的方式。只要我不去创造回忆，那我就不会有回忆了吧，我默默地想着，看着湛蓝的天空中云卷云舒，看着树叶从树上掉落到草地上再滚落到林荫小道上，看着年轻的人们匆匆的脚步，以及随着时光流逝的青春。

直到有一天，我遇到了一个名叫如冰的姑娘。

那是9月14日，她穿着一袭碎花连衣裙走到我的身旁，问我是不是那个什么事情都知道的人。

我笑着对她说："我并不是什么都知道，我只是什么都记得。"

然后她就跟我聊了起来，上至天文，下至地理，我发现她其实懂的东西并不比我少，而且我仅仅只是记得发生过什么而已，她却能对发生过的事情有着自己的看法。

"你虽然什么都记得，可是'记得'本身又有什么用呢，发生过的事情终归是发生了，你又不能改变什么，如果你不能将它们赋予属于自己的意义，只是像个放映机一样放着那些东西，那它们终究也将成为虚妄不是吗？"

我看着她的眼睛，陷入了久久的沉思中，那是一段很长很长的时间，空中有五只飞鸟飞过，一对情侣从湖的一端走到了另一端，不远处还开过一辆黑色的汽车。

"你叫什么名字？"我问她道。

"如冰。"

"像冰一样的意思吗？"

"如果你非要这么理解的话。"她扑哧一声笑了，她笑起来很好看，就像七岁那年路过自家楼下时，俯身在墙角看见的那枝鸢尾花。

"嗯，就像我的脑子一样，冷冰冰的。"

"怎么说？"

"我时常觉得它很无情，总是把一切无论好的坏的、快乐的悲伤的都这样一丝不苟地记录下来，丝毫没有经过我的同意，也没有给过我任何选择的权利。"

"但你知道吗，遗忘也未尝不是我们的选择呀，有时候在不经意间就把曾经刻骨铭心的东西忘掉了，没有留下一点痕迹，就连后悔的余地也没有，毕竟你怎么会去惋惜某个你已经忘掉的东西呢。"

她说这番话的时候眼神里有很复杂的情绪在涌动，让人很想认真从中阅读出更多的故事来。

"我可以知道你的电话号码吗？"我弱弱地问她道。

"可以啊，我发给你？"

"不用了，你说一遍就够了，我一辈子都不会忘记的。"

她很羞涩地看了我一眼，我却没有告诉她这其实并不是什么虚情假意的肉麻，而是一句真真切切的实话。

3

后来的 10 天里我又见了如冰 7 次，一起吃了 5 顿饭，去过 1 次图书馆。

那天傍晚在图书馆里，她忽然问我，如果给我足够多的时间，我是不是能够把图书馆里所有的书都装进脑子里呢。

我笑笑说："给几只猴子几台打印机，他们在无限的时间里也能打出莎士比亚全集呢。"

"别贫嘴，我只是很好奇。"

"可以是可以，不过我似乎没有这么做的必要吧，而且这将是相当长的一段时间，就算你把图书馆里的书全拿去打印店打印一遍，不也得很久很久吗，更何况我必须一个字一个字地读过，才能记下来，而且我读书不是为了背下来，我对文字本身还是很依赖的。"

"所以其实你是一台有感情的机器，并不像你形容的那么冷冰冰。"她笑道。

"嗯，我不知道，有时候我觉得我在感情上的确很迟钝，或许思维的速度太快了，在情感上反而变得笨拙起来，上天是很公平的吧，我终归不是个善于表达自己的人。"

"你喜欢过女生吗？"

"没有。"

"从来没有？"

"从来没有，我的记忆力太好了，我觉得如果我喜欢上谁，也许永远也不会忘掉了。"

"所以你只是害怕。"

"害怕？害怕什么？"

"就像有的人永远不会养宠物一样，大多数宠物的生命比主人的要短，这注定了未来将要有一场生离死别，有的人觉得自己既然承受不了这种既定的悲伤，索性选择永远不养宠物。"

"这听起来似乎有那么点道理，但是谈恋爱这种事情用养宠物来打比方，似乎有点奇怪。"我笑着摇了摇头道。

那天晚上从图书馆出来后，我们在操场上坐了一整夜，南方的 9 月依然燥热，但夜晚的微风总能消散许多白天积累的烦闷与不安。

"我还有个问题,你有想过未来自己要做什么吗,我觉得你很有成为画家或者音乐家的潜质,只要你看过的画或者乐谱,马上都能牢牢记在脑子里不是吗?"如冰忽然转过头问我。

"有种东西叫作'天赋',就拿画画来说,有的人即使临摹,不也画得很差劲嘛,弹琴这种东西,更是需要情感和技巧,光记得谱子有什么用?"

"所以看来还真是没什么用啊,真替你的未来感到担心呐。"她冲我调皮地笑笑,月色下她的笑容很美,我清晰地记得,那时候的空气里,掺杂着她洗发水的香味,操场上塑胶的怪味,还有那属于夏夜特有的气息。

我轻轻闭上眼睛,聆听着耳畔的虫鸣声,还有如冰均匀的呼吸声,这时她将手偷偷搭在了我的手上,那时自己的心跳声,至今依然有回响。

4

我和如冰在一起总共不过1年7个月18天,那是一段刻骨铭心的日子,尽管我似乎并没有资格这么说,毕竟所有的日子在我的脑海里都是如此的平等。

但每当闭上眼睛回想起那些日子的时候,我却又真切地感到它们是如此的特别,我发现自己第一次开始从某段特定的回忆里感到一丝温暖和感动。

每次牵我的手,她都会问我这是我们第几次牵手了,我总能一次一次地把数字报给她听,从十到一百再到一千,而我也会在她耳边告诉她,她一共说过几次爱我,每一次分别在哪一天,哪个时刻,哪个地点,她穿着怎样的衣服。我们之间从来都不需要什么承诺,她也从来不要我给她承诺,因为她知道我都记得,而且一辈子也忘不了。

我们之间也会有闹矛盾的时候,比如我翻她的旧账,说她在几时曾经无理取闹过,或者否认她翻我的旧账,反驳她某天我其实应该是怎么怎么样的,这些都让她出奇愤怒,尽管她知道我不是有意要记她的不好。不过无论怎么生气,事后她总能原谅我,从不会跟我大吵大闹,毕竟她知道对我而言,事情无论好坏都是会深深刻在脑海里的,她不想等到几十年后我再把这事提起来。

但很遗憾的是,她最终还是没能等到几十年后的那一天。她最终选择离开了我,原因是她无法接受一个我这样的人,我会给她太大的压力,毕竟在我这里她必须小心翼翼,不能犯错,不然这样一个残缺的她就会永远留在我的回忆里,无法抹去。

如冰走后,我又回归了一个人的日子,每天发呆,看书,打游戏,睡觉,把自己关在自己的世界里,与世隔绝。朋友们都来劝我,试图给我点安慰,但他们最后都无奈地走了,毕竟他们也知道,"时间会治愈一切"这句话对我并不管用,我不是一个会自动痊愈的人,我的伤口会不停地流血,直到流干的那一天为止,只因为我没有一种叫作"遗忘"的能力。

我时常想,或许她比我要幸运得多,因为她至少和所有人一样,都在时间的洪流中,不停地被冲刷着,总有一天会淡忘关于我的一切，而我却只能站在岸边，在一个所有情感都被凝固成一堵大堤的港口，直到生命终结。

但事实上我却比他们想象中的要坚强，我只要一直在做事，不给自己留下时间、空间去回忆，自然也不会感觉到悲伤。于是我开始尝试着写文章，把自己二十年的记忆改编成小说，有如此清晰的回忆，加上自己曾经看过那么多的书，这是一个并不困难的过程。而且我发现，写文字的速度要远远慢于自己思考的速度，因此只要我的笔在动，我的思维就会跟着一起慢下来，它让我不再沉浸在那些冰冷的回忆中，让我对自己的人生有了新的认识和思考。

于是我想起了如冰对我说的那句话：发生的事情终归是发生了，你既然无法改变，不如给它赋予属于你的意义。

合上自己写完的稿子，闭着眼睛想象她第一次吻我时嘴唇的温度，我的嘴角竟然开始微微上扬。

未曾想过，这个"像冰一样"的姑娘，让我二十年冰冷的回忆，顿时变得温暖了起来。

5

今年我三十一岁，现在是一名作家，我的书卖得很好，却没有人记得我是一个超忆症患者。

前天跟出版社的编辑一起吃饭，他问我现在新书写得怎么样了，让我说一下大致的剧情，然后我就把最近一章的内容完完整整背出来给他听了一遍，他怔了半天说不出话来。

"你竟然把你自己写的东西给背下来了，你真是太有时间了。"他的表情像极了多年前幼儿园里孙老师的模样。

"时间这东西，留着不用，也不能省下来以后再用，不是吗？"我笑道。

"背东西不是很浪费时间吗，我从小到大记忆力都超级差的，前一天晚上背的课文，第二天老师一抽背就忘了，那时候经常抄课本，就总琢磨着，要是真有那种记忆面包该多好啊，想要记住的东西，吃下去就马上记住了，而且永远都忘不了。"他摇头晃脑地说着，像是陶醉在了自己的幻想中。

"那要是有想要忘记的事情呢？"

"貌似不用刻意去忘记吧，毕竟没有什么事情是永远忘不了的，在当时看起来再了不得的一件事情，总有一天你都会什么也不记得了，人的记忆力是这个世界上最靠不住的一个东西了。"

我喝掉杯里的咖啡，笑着摇了摇头。

"对了，我这段时间在做一个读者调查，也想问问你这个问题，看你怎么回答。"他说道。

"什么问题？"

"如果有一个机会让你询问死神自己死亡的具体时间，你会不会去问他？"

"当然问了，为什么不问？"我很干脆地回答道。

"那你知道了以后呢，要做什么？"他似乎觉得很惊讶。

"我会提前1年7个月18天躺在床上。"

"然后呢？"

"回忆我的整个人生。"